위기를 기회로 만드는

분노 관리법

위기를 기회로 만드는

분노 관리법

닐 클라크 워런 지음 ● 오태균 옮김

Make Anger Your Ally

위기를 기회로 만드는

분노 관리법

Make Anger Your Ally

초판 1쇄 2015년 12월 10일

지은이 | 닐 클라크 워런
옮긴이 | 오태균

펴낸이 | 임말희
편집 | 공윤조
펴낸곳 | 눈 출판그룹

출판등록 | 2012년 5월 23일 제321-2012-000122호
주소 | 서울특별시 서초구 효령로 60길 23-11 서전빌 3층
전화 | 1661-4310
팩스 | 02-3394-4749
이메일 | master@nun.or.kr

값 15,000원
ISBN 978-89-94347-55-4(93180)

파본이나 잘못된 책은 바꿔드립니다.

 이 도서의 국립중앙도서관 출판시도서목록(CIP)은 e-CIP 홈페이지(www.nl.go.kr/ecip)에서 이용하실 수 있습니다.(CIP 제어번호:2015030412)

역자 서문

당신이 적어도 지난 한 달 동안 아래 목록 가운데 하나라도 해당된 경우가 있었다면, 당신은 분노를 다루는 데 문제가 있는 사람일 수 있다는 것을 인정해야 한다.

- 분노가 치밀어오르면 다른 사람들에게 상처를 입힌다.
- 분노가 생기면 자책과 폭식 등으로 자기 자신에게 상처를 입힌다.
- 분노 가득한 사람이 나에게 상처를 입히도록 방치한다.
- 분노를 상대방에게 표현하기가 두렵다.
- 분노를 절대로 표면화시키지 않는다.
- 분노 상황이 종료되어도 그 대상에 대해 용서하지도 잊어버리지도 않는다.
- 분노를 직접적으로 표출하기보다는 상대방에 대해 나름 은밀하게 복수할 방법을 찾는다.
- 분노 상태의 시간이 제법 오래간다.
- 분노가 끓어오르면 행동이나 언어의 통제가 잘 되지 않는다.
- 분노를 표현하는 방식으로 인해 직장 생활에 위기가 왔거나 피해를 본적이 있다.
- 왜 갑자기 그렇게 분노가 치밀어오르는지 나도 잘 모르겠다.

분노 자체가 죄는 아니지만, 문제는 우리 대부분의 분노 표출방식이 세련되지 못하고 너무나도 서툴러서 긴장 상황을 종종 더 어렵게 만들어 버린다는 데 있다. '살인 부르는 층간소음', '어린이집 교사, 네 살배기 어린아이 내동댕이 쳐…', '화성 공기총 난사 사건, 파출소장 포함 4명 사망' 등 근래에 발생한 신문기사 제목들만 보더라도 우리 사회가 분노 표출방식에 얼마나 서투른지 잘 알 수 있다. 그래서 기독교 전통에서는 교만, 시기, 나태, 탐욕, 탐식, 정욕과 더불어 분노wrath를 죽음에 이르는 7가지 죄악의 하나로 규정한 바 있다.

그러나 사실 분노가 죄악일 것이라는 우리의 예상과는 달리 심리학에서는 분노를 각자에게 주어진 환경에 적응하려는 자연스러운 반응으로 본다. 분노는 무엇인가 자신이 불편하거나 잘못되었거나 바람직하지 못하다는 신호들 중 하나라는 것이다. 분노 자체는 다른 감정들과 마찬가지로 선하지도 악하지도 않은 중립적인 감정이며, 자신을 보호하고 유지하기 위한 정서적 반응인 것이다. 문제는 이 분노를 표출하는 방식에 관한 것인데, 이 책의 저자는 이 부분에 대한 시원한 답변을 독자들에게 제공하고 있다.

이 책은 삶의 현장에서 분노 조절이 잘 되지 않고 자신도 모르게 미숙한 형태로 분노를 표출시키는 습관이 있는 사람들에게는 바이블과 같은 책이다. 이 책은 독자들이 가지고 있는 분노의 부정적 에너지를 오히려 기회로 사용할 수 있는 매우 생산적이고 구체적인 방법들을 소개하고 있다. 정신건강 전문가는 물론, 분노의 습관으로 고민하고 좌절한 경험이 있는 일반인에게도 읽힐 수 있는 좋은 책이라 추천하고 싶다.

이 책을 번역하는 과정에 도움을 준 김태석 박사님과 좋은 책으로 편집해주신 임말희 대표님께 감사드린다.

오태균

총신대학교 목회신학전문대학원 교수(Ph.D.)

목차

Ⅲ 분노를 다루는 법

I

분노를 잘못 다루는
일반적인 전략

1

제가요? 분노를 다루는 데 문제가 있다고요?

분노를 효과적으로 다루기 위해서는 기본적으로 당신이 분노를 어떻게 다루고 있는지 자세히 알아야 한다. 스스로에게 기본적인 질문을 던져 보라. '나에게 분노의 문제가 있는가?'

당신이 만약 주기적으로 버럭 화를 내거나 그럴까봐 두려워한다면, 혹은 그런 모습을 보이는 사람과 함께 산다면 분노는 끊임없이 당신을 위협할 것이다. 분노하는 사람들은 예상치 못하게 책상을 사정없이 내려치거나, 따귀를 때리거나, 큰 소리로 악담을 퍼붓기도 한다. 나는 이런 사람들을 '폭발하는 사람들exploders'이라고 부른다.

당신이 이런 모습들 중 어디에 해당하는지는 중요한 것이 아니다. 중요한 것은 당신에게 문제가 생겼다는 것이다.

당신이 절대 화를 내지 않는 사람이라면, 특히 궤양이나 고혈압, 두통 또는 이유를 알지 못하는 고통을 겪고 있다면, 분노에 관한 심각한 문제가 있을지도 모른다. 당신은 '신체화 환자somatizer'이다. 당신은 신체 세포, 즉 몸을 분노를 표현하는 수단으로 사용하고 있다. 당신이 이와 같다면 조심하라.

아니면 당신은 전혀 화를 내지 않고 감정을 억제하는 사람일지도 모른다. 하지만 당신은 늘 우울할 것이다. 아주 작은 실수에도 자신을 완전히 짓밟으며, 그럴 때마다 자신의 감정을 억누른다. 당신은 '스스로 벌주는 사람'이다. 의도적이지 않았거나 그렇게 행동하는 것을 몰랐다는 것은 중요하지 않다. 분명한 사실은 당신은 많이 우울하다는 것이다. 그리고 당신은 자신을 비난하는 식으로 분노를 다룬다는 것이다.

만약 당신이 우울한 사람과 함께 산다면, 그것이 얼마나 좌절감을 주는지 알고 있을 것이다. 당신은 그들에 대해 매우 염려하지만 머지 않아 그들을 창고에 넣어버리고 싶어진다. 너무 나쁜 방식으로 표현되는 그들의 분노 때문에 당신은 부글부글 끓어오른다.

'난 절대 화를 내지 않아요'라고 말하는 사람들 대부분은 마법사나 감지할 수 있는 방법으로 비밀스럽게 화를 낸다. 하지만 공중에 마치 칼이 떠다니고 있는 것 같은 느낌이 든다. 나는 그들을 '은밀한 사람들 underhanders'이라 부른다.

그들은 교묘하게 눈에 띄지 않는 방법으로 자신들의 목표를 가차 없이 앗아간다. 그들은 수백 가지의 다른 방법으로 공격할 수 있다. 어떤 사람들은 다른 사람을 우울하게 만들려는 시도를 한다. 그들은 당신의 주말 계획이나 아이의 선생님, 목사님, 또는 남편의 상사나 남편에 대해 교묘하게 위장된 가시 돋친 말을 내뱉는다. 그들의 분노는 항상 새어 나온다. 그들에게는, 알고 있든 모르고 있든 분노 문제가 있다.

물론 다른 식으로 은밀하게 표현하는 사람들, 즉 토라지는 사람, 패배를 인정하지 않는 패자, 다른 사람의 잘못으로 떠넘기는 사람 또는 자신을 탓하는 사람도 있다. 만약 당신이 이런 사람이거나 이런 사람과 함께 살고 있다면 분노는 당신에게 문젯거리가 된다.

공동체는 당신이 다루어야 하는 화난 사람들로 가득 차 있다. 이를테면 모퉁이를 돌 때마다 자신과 당신의 생명을 위태롭게 하는 과속 운전자들, 분노를 제대로 표현하지 못하고 오히려 당신을 이용하려는 소매치기꾼들과 강도들, 동작 하나하나를 제대로 살피지 않으면 당신을 속이려 드는 사기꾼들이 그들이다.

분노의 그림자는 어떤 사람들에게는 매 순간을 암흑으로 만든다. 만약 당신이 가족을 때렸거나 가족에게 맞았다면, 분노는 낮이나 밤이나 당신을 끊임없이 따라다니며 괴롭힐 것이다.

우리 대부분은 서툴게 분노를 표현해 긴장 상황을 종종 더 어렵게 만들어버린다. 분노는 우리가 목표를 향해 나아가도록 돕기보다는, 많은 주요 문젯거리 중 하나가 된다. 때때로 우리는 인생 속에서 분노의 역할이 무엇인지 잘 알지 못한다. 화가 나면 우리가 원하는 게 무엇인지도 분명히 이해하기 어렵다. 1부에서 몇 사람들의 사례를 들고자 한다. 그들은 다음 네 가지 방법 중 하나로 분노를 처리하고자 했던 사람들이다. 당신의 전략과 그들의 전략을 비교해 보기 바란다.

2

나는 때때로 평정심을 잃어요

"물론 저는 종종 화를 냅니다." 제리 린치는 나를 이해시키려고 애썼다. "저는 집에 오면 평화롭고 좀 조용했으면 좋겠어요. 아이들은 소리를 지르고 깔깔대고 여기저기 뛰어다니기 시작합니다. 보통 한두 번 정도는 경고하죠. 그런데도 아이들이 계속 그러면 가끔 평정심을 잃고 맙니다."

제리는 왼쪽 팔뚝에 문신을 하고, 키가 작고 몸이 단단하며 짙게 그을린 서른두 살의 목수다.

"저는 매일 직업 현장에서 열심히 일합니다. 그리고 그렇게 일해도 충분히 돈을 벌지 못합니다. 아이들에게 항상 필요한 게 있고, 차가 잘 작동하지 않거나, 지붕에서는 물이 새기도 하죠. 그래서 스트레스를 너무 많이 받아요."

아내인 케이시는 제리에게 나를 만나보라고 권했다. 제리는 지난 몇 달간 더욱 자주 화를 터뜨렸고, 케이시는 두려워졌다. 제리가 화를 낼 때,

두세 번 정도는 완전히 제 정신이 아니었다. 케이시는 마침내 용기를 내어 도시 근처에 사는 잘 아는 목사님에게 연락을 했고, 목사님은 나의 도움을 청해 보라고 케이시에게 말해주었다.

케이시는 두 번 상담하는 동안 제리에 대해 많은 이야기를 해주었다. "친구들은 모두 그를 좋아해요. 평소에는 세상에서 가장 친절한 남자죠. 그런데 마른하늘에 날벼락처럼 갑자기 폭발해버려요. 그럴 때면 소리를 지르고 욕을 합니다. 아이들을 주먹으로 때리고, 저에게도 무시무시한 협박을 했어요. 그 성질 때문에 두 번 정도 직업을 잃었어요. 현재 직장에도 문제가 있을 거예요."

첫 상담시간에 제리는 자신이 살아온 이야기를 들려주었다. 아버지는 제리가 성장하는 동안 대부분의 시간을 멀리 떨어져 지내야 했던, 매우 고달프고 고독한 장거리 트럭 운전사였다. 제리에게 아버지는 우상과 같았지만, 아버지는 그에게 거의 관심을 기울이지 않았다. 가끔 아버지는 허리띠로 제리를 때려 벌을 주었고, 그런 경험 때문에 제리는 아버지가 너무나 두려웠다. 어머니는 제리와 남동생과 누나를 최소한 일주일에 두세 번 정도 교회에 데리고 가는 독실한 크리스천이었다.

제리는 어렸을 때 싸움에 많이 휩쓸렸다고 말했다. "주일학교에서 싸움이 일어났는데, 수업이 끝난 후 선생님이 적어도 삼십분 동안 나를 붙들고 얘기하셨어요. 선생님은 하나님께서는 우리가 화를 품는 것을 원하지 않으신다고 하셨죠. 그것은 죄이기 때문에 내가 성질을 죽이도록 노력해야 한다고 말씀하셨어요. 그 후 한동안은 그저 몇 번 싸웠을 뿐이에요. 그러나 여전히 분노가 치밀어올랐죠. 싸우지 않으려면 자제력을 모두 동원해야만 했습니다."

제리와 케이시가 결혼했을 때 제리는 열아홉 살, 케이시는 열여덟 살이었다. 처음에는 상황이 꽤 괜찮았다.

"얼마 지나지 않아 처키가 태어났습니다만 그 후에…" 제리는 몇 년 만에 처음으로 이 일을 떠올려보는 듯 천천히 말하기 시작했다. "케이시는 내가 전혀 자신에게 관심이 없는 것처럼 보인다고 불평하기 시작했습니다. 제가 아내를 멸시하고 많이 빈정거린다고 하더군요. 몇 달 내내 아내가 그 일에 대해 너무 열을 내는 바람에 우리는 결혼 전문상담자를 만나 봤습니다."

"우리는 네다섯 번 정도 상담받았을 뿐입니다. 내 안에 많은 분노가 내재되어 있는 것 같다고 말하더군요. 그 선생님은 계속해서 '분노를 인식하고, 분노를 밖으로 드러내십시오'라고 말했습니다. 만약 내가 화가 났을 때 그것을 표출하지 못하면 나중에는 더 파괴적인 방법으로 화를 내게 될 거라고 설명했어요."

"그래서 저는 분노를 느끼면 계속 표출하려고 노력하고 있는 겁니다. 그런데 케이시는 너무 화가 나 있고… 내가 성질을 죽이지 않으면 헤어지겠다고 협박하고 있어요."

"교회에서는 화를 내도록 내버려두지 말라고 말해주었고, 상담 선생님은 분노를 드러내 날려버리라고 말했습니다. 저는 누구를 믿어야 할까요?"

3

분노를 폭발해버리는 것

제리 린치는 화가 날 때마다 폭발해버리기 때문에 매우 심각한 곤경에 빠져 있었다. 제리는 그 때문에 두 번이나 직업을 잃었고, 자녀 두 명이 응급실에 입원했으며, 결혼생활도 위태로워졌다.

적어도 이런 난폭한 순간에 제리는 내면에 존재하는 무시무시한 힘에 고삐를 채우지 못하고 이성을 잃는 것처럼 보였다.

이러한 행동 양상은 지극히 전형적인 것이다. 분노가 있기 전에는 늘 배경 사건setting event이 존재한다. 완전히 기진맥진하거나 낙담하거나 우울한 상태가 배경이 되기도 하고, 오늘 오후나 이번 주, 아니면 이곳으로 이사 온 후 계속, 또는 기억으로는 굉장히 오랫동안, 상황이 제대로 돌아가지 않는 느낌이 배경이 되기도 한다.

그러고 나서 방아쇠를 당기는 사건이 터진다. 때때로 당신은 이 일이 다가오는 것을 느낄 수 있다. 어쩌면 심지어 이 일이 다가오는 것을 볼 수도 있다. 아이들은 바르게 행동하지 않는다. 상사는 누그러질 기미가 보이지 않는다. 아내는 끊임없이 잔소리를 한다. 길이 막힌다. 차는 도대체 움직일 생각을 하지 않는다. 세금 수금원이 오늘 세 번이나 전화를 했다. 수많은 일 중 어떤 것이라도 사건이 될 수 있다.

아드레날린이 끓어오르기 시작한다. 이를 악물고 있는 것이 느껴진다. 근육이 불끈거린다. 배가 죄어온다. 심장 박동은 빨라진다. 점점 주먹을 꽉 쥐게 된다. 목과 이마가 뜨거워진다. 몸이 꼬인다.

아주 잠깐 동안은 화를 내뿜지 않으려고 노력한다. 그 상황에서 벗어나 열을 식히고 정신을 차려야 한다는 생각이 어렴풋이 든다. 그러나 아내는 계속해서 잔소리를 한다. 그리고 탕! 방아쇠는 당겨진다. 공이치기가 작동한다.

때때로 분노 폭발은 느릿느릿 다가온다. 당신은 의식적으로 분노의 퍼즐 조각들을 찾아 집어 든다. "화를 내게 될 것 같은 상황인데, 지금 당장 이 상황을 제대로 처리할 거야. 뭘 해야 할지 알고 있어."

그리고 가끔 머릿속에 작은 목소리가 들린다. '이제 그만 좀 해', '계속 그녀에게 상처를 줬잖아', '너는 지금 그 사람을 너무 심하게 때리고 있어', '조심해. 점점 자제력을 잃고 있잖아'.

그러나 때때로 당신은 멈출 수 없거나, 멈추기 싫거나, 아니면 멈출까봐 두려워한다. 말로 계속 상처를 주거나, 집요하게 쫓아가거나, 계속 협박한다. 입과 팔과 발은 이제 기계적으로 움직인다. 이제 더는 당신이 아니다. 통제를 벗어난 기계일 뿐이다. 네 살 때 배웠던 난폭한 습관들이 계속해서 명령을 내리고 있다.

그리고 나서 어느 정도 열이 좀 식는 느낌을 경험한다. 난폭함이나 긴장감이 좀 수그러든다. 무슨 일이 벌어지고 있는지 보이기 시작한다. 여전히 화가 나서 생각을 제대로 할 수 없지만, 계속 소리를 지르거나 마구 휘둘러댈 정도로 화가 나 있지는 않다.

이제 눈에 띄게 진정된다. 의식이 밀려온다. 주먹이 약간 편하게 풀린다. 말을 멈춘다. 침을 삼켜본다. 주위에 침묵이 흐른다.

호흡은 여전히 씩씩거린다. 아직도 팔과 다리를 통해 피가 흐르는 것을 느낄 수 있다. 눈을 크게 뜨고 있다. 그러나 조금 물러서 있다.

그 후 몇 분 혹은 몇 시간 동안 수십 번 이 장면을 다시 돌려 본다. 첫 번째로 돌려 볼 때는 행동을 합리화하려고 시도하지만, 그것이 소용이 없다는 것을 알게 되고 변명하는 것을 그만둔다.

분노가 폭발하도록 방아쇠 역할을 한 것이 무엇인지 생각해보려고 시도한다. 깜빡 잊고 있었던 것과 마주친다. 자제력을 완전히 잃었다는 사실을 알게 된다. 두 번째로 이 장면을 돌려 보면, 그때는 어디에서 무엇을 했는지 또는 누가 함께 있었는지는 중요하지 않다. 상대방에게 당신이 느꼈던 불쾌한 기분을 똑같이 느끼게 하고 싶었다는 사실을 알게 된다.

그러나 만약 당신이 이런 식으로 폭발하는 사람들과 비슷하다면, 잠시 후에 이 일을 잊기 시작할 것이다. 진정한 변화는 일어나지 않는다. 그리고 이 행동 양상을 계속 유지하게 된다.

4

분노를 말로 쏟아내는 것

분노는 대개 입으로 폭발하기 시작한다. 그리고 입에서 뿜어져 나오는 말들은 기관총만큼이나 치명적일 수 있다.

언어적 폭발을 하는 데는 보통 몇 가지 목적이 있다. 그러나 최종적인 목적은 대부분 동일하다. 그것은 상대방을 벌하고, 충격적인 인상을 심어주고, 다치게 하는 것이다. 책임을 전가하기 위해서든, 행동을 정당화하기 위해서든, 아니면 더 이상은 참지 않겠다는 사실을 상대방에게 알리려고 그 말을 내뱉었든, 그 말은 다른 사람을 파괴하고 깔아뭉개는 말일 가능성이 매우 크다. '그 놈 기분을 상하게 하고, 그 놈 잘못으로 만들고, 대가를 치르도록 만들겠어.'

말로 폭발하는 것은 도대체 무엇이 문제일까? 그것들은 데부분 충족되지 못한 욕구들, 즉 완전하거나 완벽하거나 안전하다고 느끼고 싶은 욕구에 대한 것이다.

보통은 우리의 욕구와 관련된 가장 중요한 사람을 향해 언어 폭탄을 터뜨린다. 만약 당신이 누군가에게 주기적으로 화를 터뜨린다는 것을 알게 된다면, 그 사람이 당신의 어떤 욕구를 채워주지 못하는지 스스로에게 질문해 보라.

그러한 욕구들을 세심하게 살펴보면 종종 당혹스럽게도 생각지 못한 사실이 드러난다. 대부분의 경우, 그러한 욕구들은 내면의 가장 불합리한 중심에서 터져 나오는 비현실적 욕구들이다.

때때로 우리는 욕구를 인식하게 될 때 무의식적으로 그 욕구들이 항상 채워져야만 한다고 생각한다. 온 세상이 우리를 중심으로 돌아야 하며, 우리를 계속 만족시켜야 한다고 생각한다. 그렇지 않으면 부당한 취급을 받았다고 느낀다. 우리는 상대방을 비난한다. 그 결과 남을 업신여기는 발언을 교묘하게 선택해서 쏟아낸다. 이렇게 말도 안 되는 생각을 절대 겉으로 드러내지 않더라도, 말하고 싶은 것은 바로 이런 것이다. '항상 나의 욕구를 채워주기 위해 세심한 주의를 기울이도록 해. 당신이 가장 중요하게 생각해야 하는 건 바로 이거야.'

때때로 우리는 완벽하게 보이고 싶은 무의식적 욕구를 가지고 있다. 사회의 인정은 우리에게 신과 같다. 그리고 인정을 받으려면 완벽해야 한다고 생각한다. 비판은 결점을 지적하는 것이며 결점은 인정받는 것을 위태롭게 만들기 때문에, 최소한의 비판에 대해서도 우리는 화를 터뜨린다. 연약한 정신 체계는 비판에 대단히 취약하다. 이 연약한 정신 체계는 우리가 다른 사람의 인정을 받을 만한 충분한 능력에 좌우된다.

어느 전문가들은 말로 분노를 표출하는 것은 건강에 좋으며 권장되어야 한다고 주장한다. "분노 표출은 마음의 짐을 더는 것입니다. 당신의 불법 비자금을 다 써버리는 것이죠." 말로 분노를 날려버리면 지나치게 공격적인 에너지를 없애게 되고, 나중에 공격성을 보일 가능성이 매우 낮아진다는 뜻이다.

그러나 신중한 심리학적 연구들은 입장이 다르다. 우선, 공격적 에너지가 불법 비자금처럼 쌓이는 일이 없다는 입장이다. 연구 결과들은 일반적으로 에너지 이론에 상당한 의심을 던지고 있으며, 에너지 축적에 대한 개념에 대해서도 분명히 의혹을 가지고 있다. 더욱 중요한 것은, 분노 표현에 관한 수많은 심리학적 연구는 공격적인 행동이 그러한 행동을 줄이기보다 오히려 더 많은 공격적 행동을 촉진시킨다는 것을 분명히 밝히고 있다는 것이다. 말로 폭발하면 언제나 상대방은 더 심한 말을 하거나 주먹을 휘두르도록 자극받는다. 1980년에 스트라우스Straus, 겔레스Gelles와 스테인메츠Steinmetz에 의해 실시된 미국의 가정폭력에 관한 연구인 'Behind Closed Doors'[1]는 말로 욕설을 퍼붓다가 결국 신체적인 싸움으로 번진 커플이 80퍼센트가 넘는다는 것을 발견했다.

전문적으로 신중하게 마련된 치료 상황을 제외하고는, 말로 폭발하는 것이 유익하거나 장기적인 이익을 주는 경우를 거의 본 적이 없다. 이러한 분출은 대부분 새로운 상처를 낳고 더 큰 위험을 가져온다.

그러나 때때로, 열 받는 순간이 오면 말로 귀에 쏘아대는 것이 당연

1) M. A. Straus, R. J. Gelles, and S. K. Steinmetz, Behind Closed Doors (Granden City, NY: Anchor Press/Doubleday, 1981)

하다는 느낌이 든다. 그 사람이 배우자이든, 아이들이든, 의견을 달리하는 사람이든, 동료이든, 상사이든, 부하직원이든, 또는 심지어 하나님이든 상관없다. 바라던 방식으로 그들이 욕구를 채워주지 않으면, 또는 그들이 너무 많은 것을 요구하거나 제대로 인정해주지 않으면, 그저 그들을 정면으로 공격하고 싶어진다. 비록 얻는 것은 한 순간이고 그 피해가 오랫동안 우리를 찾아다닌다 할지라도, 내면의 무엇인가가 분노를 밖으로 내보내도록 강하게 압박해온다.

예를 들어 샤론 켈리는 몇 주 동안 상사로 인해 몹시 화가 났고, 결국 상사에게 자신이 그를 어떻게 생각하는지 털어놓았다. 2주 후 샤론은 일자리를 찾아 헤매야만 했다.

샤론은 상사에게 호통치는 그 순간에는 즐거웠다. 감정을 모두 끄집어내는 느낌과 여태까지 쌓아온 모든 분노를 씻어버리는 느낌이 좋았다. 적어도 감정을 다 쏟아낸 후 그 날 밤 자정까지는 그랬다. 새벽 2시 15분 잠에서 깨어났을 때, 샤론은 일어날 시간이 될 때까지 아무것도 생각할 수 없었다. 그리고 그 일을 다시 회상하면서, 자신의 감정을 다른 식으로 다룰 수도 있었다는 것을 생각하기 시작했다.

샤론은 또한 직장을 그만둘 때 일어날 손해, 즉 직장에서 가깝게 지내던 모든 사람, 훌륭한 급여, 승진의 기회, 좋은 근무 환경 등을 잃어버리는 것에 대해서 생각하기 시작했다. 직장을 그만두고 싶지 않았다.

그러나 샤론은 폭발했을 때 이미 결단을 내린 상태였다. 샤론에게는 더 이상 선택의 여지가 없었다. 샤론은 순간의 이득을 선택했고, 이제 오랜 손실을 경험하게 될 것이다. 내 경험상, 이것은 사람들이 일반적으로

저지르는 비극적 실수이다.

말로 순간적으로 치고 달아나든, 잔혹하게 말로 두드려대든, 말로 분노를 폭발하는 것에는 이러한 꼬리표를 붙여야 한다. '공격성은 당신이 맺은 모든 중요한 관계에 치명적이다.'

5

폭발적인 분노 표출의 결과

분노 폭발은 매우 다양한 결과를 가져온다. 긍정적인 것은 매우 미미하다. 대부분 부정적인 것이다.

예를 들어 심각하게 분노를 폭발할 때 대인관계에 돌파구가 생기는 경우가 있는데, 이는 긍정적인 면이다. 그러나 감정 폭발은 대부분 그 자체가 그리 도움이 되지 않는다. 오히려 대인 관계의 진정한 치유는 분노 문제를 회복하려는 감정을 표현할 때 찾아온다.

내가 아는 어떤 사람들은 분노 폭발 덕분에 이미 오래 전에 끝냈어야 하는 파괴적인 관계를 끊을 수 있었다. 또 어떤 사람들은 너무 화가 난 나머지 오랫동안 잘못 되었던 일들을 바로 잡기도 했다.

그러나 정신과 의사로 지내는 동안 나는 분노 분출로 빚어지는 부정적인 결과들을 훨씬 더 많이 목격했다. 다음은 부정적인 결과들 중 일어날 가능성이 높은 것부터 차례로 열 가지 순위를 매긴 것이다. 심각성으로 따지자면 순위가 거꾸로 된 것 같다고 생각할지도 모른다. 그러나 그것은 당신이 어떤 것을 가장 특별한 가치로 여기는가에 따라 달라질 것이다.

1. **스스로 당황하게 되며 자존심이 무너지는 사과를 해야만 한다.**

이 결과는 일어날 가능성이 가장 높고, 가장 덜 심각한 결과이다.

"지난 밤 일에 대해 정말 미안하게 생각해. 왜 갑자기 격한 감정이 밀려왔는지 모르겠어. 돌이켜 생각해보면, 내 행동 때문에 나도 혼란스러워."

또는 "내가 어제 당신에게 했던 일을 생각하면 당혹스러워. 내가 스스로 제일 혐오하는 행위인데 말이야. 내가 어제 당신에게 했던 말들은 절대 진심이 아니야. 난 당신을 그렇게 생각하지 않아."

이와 같은 일이 있었다면 비싼 대가를 치러야 한다. 그리고 이런 말이 먹히려면 평소에 이런 말을 하는 상황이 좀처럼 드물어야 한다.

2. **대인관계에 더 많은 상처를 입게 된다.**

당신이 냉혹한 말과 행동을 쏟아부었던 상대방과 오랫동안 어색하고 서먹한 시간을 보내는 것이 어떤지 당신은 아마 잘 알고 있을 것이다.

만약 그 사람이 당신의 배우자라면, 그 상태는 하루 또는 그 이상 훨씬 더 오래 지속될 수 있다. 이 시간의 길이는 당신이 무엇을 했고 장소가 어디였는가에 따라 달라진다. 이 시간은 고통스러운 기간이다. 아마도 성적인 표현들은 사라질 것이다. 대화는 지지부진해질 것이다. 이러한 상태는 차갑고 조용한 벌이며 결국 양쪽 다 상처를 입는다.

3. 우정이 끝난다.

이 결과는 항상 처음부터 분명하게 나타나지는 않는다. 상황은 수습된 것처럼 보일 것이다. 그러나 당신은 변화를 감지하기 시작한다. 그녀는 당신에게 아무런 말도 없이 파티를 연다. 이전에는 결코 그런 적이 없었다. 그는 새로운 테니스 팀에서 테니스를 치고 있지만 당신에게 그것을 말하지 않는다. 낯설다. 그리고 친구와의 우정은 오랜 시간 동안 천천히 악화되어 간다.

물론 그 과정은 갑작스럽게 나타날 수도 있다. 당신과 친구는 그저 다시는 만나지 않는다.

그러나 갑작스럽든 서서히든, 공격적인 말이나 정신 나간 행동은 우정에 회복할 수 없는 손상을 입힌다.

4. 직업과 관련된 중대한 결과

나는 수많은 비서가 일을 그만두고, 수많은 부부가 이혼하고, 수많은 노동자가 직업을 잃는 것은 분노 폭발에 원인이 있다고 생각한다. 이러한 결과가 빙산의 일각에 불과할 때도 있다. 어떤 사람들은 분노를 다루는 방법 그 자체 때문에 해고를 당한다.

인디애나 대학교의 코치인 밥 나이트는 분노를 폭발하는 것으로 유명했다. 그는 심판 판정에 대해 분노에 찬 항의를 하며 경기장에 의자를 집어 던진 이유로 한두 시즌을 남기고 퇴출당했다. 가끔 나이트는 분노를 거의 자제하지 못하는 것처럼 보였다. 나이트는 1979년 푸에르토리코에 있는 미국 범 미주 농구팀을 지도하고 있을 때, 경찰과의 난투극에 연루된 적도 있다.

만일 나이트가 미국의 가장 천재적인 대학 코치 중 한 명으로 인정받지 못했다면, 분노 폭발로 인해 직업 활동에 굉장히 위태로운 문제가 발생했으리라는 것은 의심의 여지가 없다. 1987년 블루밍턴 교수회의는 인디애나 대학 선수들을 나이트 코치의 학대에서 보호하기 위해 권리 성명서를 통과시켰다. 몇 명의 선수들은 나이트 코치가 '극악한' 범죄자라고 말했다. 교수회 멤버인 사회학 교수 휘트니 포프는 선수들이 "맞고, 밀쳐지고, 팽개쳐지고… 폭행당해왔다" 고 말했다.

만약 밥 나이트가 매우 오랜 기간 경기를 승리로 이끌지 못했다면 과연 계속 일을 할 수 있었을까 궁금하다. 그는 너무 자주 분노를 자제하지 못했다.

5. 재산에 미치는 엄청난 손해

나의 관심을 끌었던 기사를 하나 소개한다.

워싱턴 벨뷰에서 한 남자가 극심한 겨울 폭풍 때문에 '자동차 살해'를

저질렀다. 잭 켈렘 경찰서장은 이 사건을 그렇게 불렀다. 6인치 깊이의 눈에 갇히게 되자 차를 부수고 차를 총으로 쏜 사건이다. 그 남자는 차가 꼼짝하지 않자 너무 화가 나서, 타이어를 떼어내는 지렛대를 트럭에서 꺼내어 모든 창문을 박살냈다고 경찰이 말했다. 그리고 그 남자는 권총을 꺼내 네 바퀴 전부를 쏘고, 다시 장전해 장전된 총알의 반이나 차에 쏘아댔다. "그 남자는 차를 죽인 겁니다"라고 켈렘이 말했다. "이것은 '자동차 살해' 사건이죠." 그 남자는 술에 취하지 않았으며 이성적이었지만 매우 불안정했다고 켈렘 경찰서장은 말했다.

(인터내셔널 헤럴드 트리뷴, 1982년 1월 19일)

6. 달아나버린다.

초창기 치료 사례 중 마치 어제 일인 듯 여전히 기억나는 한 가지가 있다. 어느 날 밤 어떤 사람이 아들을 미친 듯이 공격했다. 그는 소리를 지르고 온갖 종류의 벌을 가하며 아들을 위협했다. 다음날 아들의 침대에는 메모가 놓여 있었다. 아들은 떠나기로 결심했던 것이다.

물론 그것은 아들이 반격하는 방법이었다. 내가 아는 한, 아들은 아직까지도 돌아오지 않고 있다. 아버지는 자신의 행동을 수천 번이나 후회했지만 결과는 여전히 똑같다.

7. 죄책감

이 결과는 사람의 모든 자부심을 완전히 다 빨아들인다. 만일 당신이 분노를 폭발한 결과 다른 사람이 신체적 고통과 피해를 당했거나, 매우 중요한 사람과의 관계가 깨졌다고 느낀다면, 당신은 아마 계속해서 스며드는 심한 내면의 죄책감을 경험할 것이다.

8. 이혼

분노를 제어하지 못하고 엄청나게 폭발시켜 결혼생활이 침몰하는 것을 나는 몇 번이나 보았다. 당신은 이렇게 말할지도 모르겠다. "그러한 결혼생활은 틀림없이 이미 돌이킬 수 없는 지경이었을 거예요." 때때로 그것은 사실이지만 항상 그렇지는 않다. 한쪽 혹은 양쪽 다 '분노를 전부 분출해버림으로 인해' 아직 가능성이 있는 결혼생활이 끝장나는 경우를 나는 너무 많이 목격했다.

분노를 잘못 다루어 이혼이라는 결과를 맞게 된 유명 인사들 또는 일반 사람들의 이야기가 흔치 않게 신문에 실린다. 나는 최근에 스포츠 면에서 그러한 글을 하나 보았다.

탬파 베이 버카니어즈Tampa Bay Buccaneers의 쿼터백인 비니 테스타버드는 9개월간의 결혼생활이 깨진 원인이 명성, 돈, 질투 또는 고통의 문제와는 아무 관련이 없으며 오히려 오랜 문젯거리였던 자신의 성질과 관련이 있다고 말했다.

"저는 그의 성질이 달라지기를 바랐습니다. 더 나아질 것이라고 계속 생각했어요." 비니의 아내가 말했다. "시즌 동안 저는 비니의 성질을 그저 모른 척하기로 했고, 그를 동요시키지 않으려 했어요. 그러나 시즌이 끝나자 도저히 못 견딜 상태가 되었죠."

비니 테스타버드는 탬파에서 수요일에 이혼 서류를 제출했고, 결혼생활은 "돌이킬 수 없을 정도로 망가졌다"고 말했다.

9. 불안

분노 사건이 일어나는 동안 위협이 가해지면 그것은 종종 불안감으로 이어진다. '당신을 가만두지 않을 거야', '이 일에 대한 대가를 치르도록 해주지', 또는 '끝이란 게 있나 봐라'라는 말은 듣는 사람의 마음에 공포를 불어넣는데, 특히 그 협박이 힘이 있는 사람이나 꼭 그렇게 할 것 같은 사람에게서 나온 거라면 더욱 그렇다.

10. 살인 또는 신체적 상해

열 번째의 결과가 무엇인지 당신은 이미 알지도 모르겠다. 나는 가족 중 한 명이 화가 치밀어올랐을 때 그 사람에게 폭행당하는 의뢰인들을 보았는데, 여기에는 아이나 어른 모두 포함된다. 나는 그러한 상해가 피해자들의 인격을 변화시키고 평생 그들의 감정에 상처를 입히는 것을 보아 왔다.

상담 중에 상대를 응징하고 싶을 만큼 분노가 폭발해 서로를 폭행하는 것을 내가 막아야 했던 적도 있다. 동료 의사의 의뢰인들 중에는 배우자나 아는 사람에게 살해당한 사람들도 있다. 대부분 분노 폭발이 원인이었다.

이미 말했듯이, 아주 가끔은 분노 표출의 결과가 긍정적일 때도 있다. 어떤 심리학자들은 치료적 접근의 가장 핵심적인 부분에 이러한 형태의 분노 표출을 포함시키고 있다. 그러나 나는 치명적으로 부정적인 경우를 많이 목격해 왔다. 3부에서 나는 분노가 가져오는 엄청난 힘을 기회로 활용할 수 있는 매우 생산적인 방법을 몇 가지 소개할 것이다.

6

폭발적인 분노를 위한 치료법 : 분노 장면 미리 연습하기

개리 셰리던은 프로 야구 선수다. 개리는 리그 시즌이 끝난 10월 어느 날 진료 예약을 하려고 나에게 전화했다. "제 성질 문제를 해결하기 위해 뭔가를 해야만 해요." 개리가 나에게 말했다. "선생님이 저와 같은 문제가 있는 사람들을 훈련시키는 일에 관심이 많다고 들었습니다."

개리의 분노는 자신의 경력을 무너뜨리고 있었으며 늘 가정 문제의 원인이 되곤 했다. 개리는 경기장에서 세 번 정도 싸움에 휘말렸거나 싸울 뻔하기도 했다. 그런 날에는 어김없이 아내와 아이들에게 소리를 질렀다. 개리는 구단주의 사무실에서 두 차례나 박차고 나와버린 적이 있다. 두 번째 싸움은 개리를 특히 두렵게 만들었다. 개리는 싸움에서 상대편 선수의 턱을 때려 부러뜨렸다. 그 선수는 고소하겠다고 협박했고 신문에는 개리의 성질에 대한 기사가 길게 실렸다.

나는 개리를 화나게 한 구체적인 사건들을 여섯 가지로 좁혀 보았다.

(1) 팀의 다른 선수가 홈런을 치고 난 후, 투수가 다음 타자인 개리의 머리 쪽으로 너무 가깝게 공을 던졌을 때
(2) 상대가 병살을 피하기 위해 2루 베이스로 슬라이드해 들어오면서 유격수 위치에 있던 개리를 부상시키려는 것처럼 보였을 때
(3) 마지막 이닝에 주자가 있는 상황에서 개리가 스트라이크 아웃을 당할 것 같고 개리의 팀은 긴장하거나 약간 뒤로 밀린 것 같았을 때
(4) 밤 경기를 마친 다음 날 아침에 아이들이 큰 소리를 냈을 때
(5) 개리의 직업으로 인해 생활이 불규칙하다고 아내가 불평했을 때
(6) 구단주가 개리가 요구한 것보다 낮은 봉급을 제시하며 자신의 말을 증명하기 위해 개리가 경기하는 모습에 대해 비난했을 때

나는 개리를 단지 열 번 봤을 뿐이지만, 개리는 그 기간에 자신의 문제를 극복하고자 무척 열심히 노력했다.

개리는 어렸을 적에 자신이 어떤 식으로 폭발하는 사람이 되었는지를 깨달았다. 여덟, 아홉 살이었을 무렵 개리는 어린이 야구 리그에서 뛰기 시작했다. 개리는 항상 재능을 보이는 아이였으나 코치 중 한 명이었던 아버지는 개리가 큰 아이들 몇 명에게 자주 이용당한다고 생각했다. 아버지는 개리가 공격적으로 행동하도록 부추겼다. 투수가 개리를 향해 너무 가까이 공을 던진 일이 있은 다음부터 아버지는 "그런 짓을

하는 놈은 때려눕혀"라고 개리에게 말하곤 했다. 개리가 공격적으로 행동하지 않으면 아버지는 개리를 비웃었고, 은연중에 겁쟁이라는 암시를 주었다.

개리는 공격적인 행동을 시도했던 첫 번째 순간을 기억하고 있었다. 개리는 공을 멀리 쳐낸 후에 3루로 슬라이드했다. 아웃인지 세이프인지 판정하기 어렵게 된 클로즈 플레이였는데, 심판은 3루수가 개리를 태그아웃시킨 것으로 판정했다. 그때 걸어나오는 개리를 어떤 선수가 비웃었다. 개리는 화가 치밀어올랐고, 다시 되돌아와 싸움을 걸었다. 그날 밤 아버지는 개리에게 자랑스럽다고 말했다. 그리고 개리는 이전보다 더 강해진 느낌이 들었다.

그러나 이제는 분노를 표출하는 그러한 방식은 심각한 약점이 되었다. 개리는 이 약점을 없애고 새로운 습관으로 대신하고 싶어 했다.

개리가 좀 더 어린 나이에 그러한 습관을 갖게 되고 그것을 잘 인식하지 못했다면 해결이 어려웠을 텐데, 그런 경우가 아니어서 다행이었다. 그러나 개리가 자주 분노하면서 강화시킨 행동들을 바꾸는 것은 전혀 쉽지 않았다.

우리는 다섯 가지 기본적인 사항을 정해서 해결해 나가기로 했다.

1. 어떤 식으로 분노를 표현하는 사람이 되고 싶은지 글로 자세히 쓰도록 요청했다. 그리고 개리가 그 일을 끝내기 전에, 내가 가지고 있던 분노에 관한 책 세 권을 읽도록 격려했다. 나는 개리의 첫 번째 글과 두 번째 글을 받아들이지 않았다. 우리는 결국 세 번째 글

을 받아들이기로 합의했다. 그러고 나서 26주 동안 월요일마다 아내 앞에서 기록한 것을 큰 소리로 읽을 것을 약속하도록 했다. 개리는 그렇게 하겠다고 동의했다.

2. 나는 개리에게 자신의 감정들에 대해 계속 긴밀하게 살펴보도록, 특히 화가 나는 상황에 놓여있을 때 더욱 그렇게 하도록 지도했다. 개리의 목표는 폭발할 것 같은 첫 번째 신호를(특히 폭발할 것 같은 사건에 근접했을 때 분노가 밖으로 나타나기 전에) 알아차리는 것이었다. 우리는 개리의 수많은 분노 사건을 점검했고, 그 사건들을 세부적으로 나누었다. 그 양상을 추적하기 시작하자 개리는 기대했던 것들을 확인하기 시작했다.

3. 일단 개리가 초기 감정을 감지하면 그 감정에 반응하는 것을 지연시키도록 애썼다. 분노의 과정 중 위험한 시점에서 다른 대안적 방법을 선택하는 것이 훈련 과정이라는 사실을 강조했다. 왜냐하면 개리는 공격적인 행동에서 긍정적인 결과를 기대하도록 훈련받았기 때문이다. 훈련에 대해 자부심을 갖게 되자, 개리는 도전 상황에 재빨리 반응했다. 첫 번째 조짐이 보일 때의 핵심어는 '생각하라'였다. 개리는 분노 장면을 연습할 때마다, 위험 시점에 도달하면 계속해서 '생각하라'만 떠올려야 한다.

4. 개리는 두 가지 질문에 대해 생각했다. 이 훈련에서 나는 무엇을

원하는가? 그리고 어떻게 내가 원하는 것을 가장 효과적으로 얻을 수 있을까? 우리는 화를 돋우는 여섯 가지 상황에 대한 답을 알아냈다. 예를 들어 빈볼(타자의 머리를 향한 투구)의 경험과 관련해 개리는 냉정함을 유지하고, 공을 강하게 쳐내며 반격을 하는 것이 자신이 가장 원하는 것이라는 결론을 내렸다. 그리고 개리의 전략은 모든 능력을 끌어모아 투수와 공에 집중하고, 공을 받을 때 자연스럽게 방망이를 휘두르는 것이다.

5. 나는 개리와 함께 목표를 이루기 위해 노력했다. 때때로 개리는 스스로에게, 그리고 가족들에게 많은 것을 기대했었다. 오전 9시 반에 세 명의 아이가 시끄럽게 노는 것, 이사 준비에 대해 좀 더 신경 써주기를 바라는 아내의 요구, 그리고 단장이 그의 몸값을 낮추기를 원하는 사실 등은 당연하다는 생각을 명확히 했다. 그리고 야구와 관련된 자신의 목표를 확인하는 데 한 시간씩을 투자했다.

우리는 분노 일기를 쓰는 것을 포함한 여러 가지 다른 훈련도 했다(이에 대해서는 3부에서 자세하게 다룰 것이다). 개리는 약 6개월 동안, 화가 난 날에는 그 경험에 대해 기록하겠다고 스스로 약속했다. 매일 밤 자러 갈 때 개리는 그 사건을 떠올려보았다. 침대에 들기 전에, 일기를 꺼내어 그날 느꼈던 분노에 대해 어떤 경험이든 몇 가지 사실들을 기록했다.

훌륭한 훈련방법을 통해 전에는 심각한 문제였던 행동 양상을 변화시키는 과정을 보는 것은 너무나 감격적인 일이다.

야구 경기 두 시즌이 지난 후에 개리는 싸움을 하거나 싸움과 관련되지 않았고, 분노하지 않고 협상해 5년 계약에 서명했으며, 분노의 첫 번째 조짐에 대해 다른 식으로 반응하는 법을 터득했고, 가족들과의 관계는 매우 좋아졌다고 알려왔다. 게다가 타격률도 향상되었다.

누구나 소중한 목표를 위해 분노를 유용하게 사용할 수 있다고 나는 확신한다.

공격이 오직 분노를 표현하는 한 가지 방법이라고만 알고 있는 것은 위험하다. 사실상 그런 생각은 항상 큰 실망을 안겨준다. 충분한 내면 훈련 방법과 강한 훈련 프로그램으로 사람들은 공격적인 행동을 없앨 수 있고, 적절한 대안 행동들을 배울 수 있다.

7

요구하는 바를 얻어내지만 진정 원하는 것이 무엇인지 모른다

분노 폭발은 대부분 일시적인 효과를 가져온다. 사실 고치기 어려운 분노 행동들을 학습하게 된 것도 그 때문이다. 우리가 분노를 터뜨리면 약간의 변화가 일어난다. 그리고 잠깐 동안은 안도감을 경험한다. 그래서 우리는 분노를 폭발시키도록 강화된다.

우리가 발끈했을 때 변하는 것은 무엇일까? 사람들이 변한다. 대부분의 사람들은 엄청난 원색적 분노에 대해 당연히 두려움을 느낀다. 사람들은 분노에 대한 두려움을 피하기 위해 자신들이 할 수 있는 일이라면 무엇이든지 하려고 노력한다.

만약 누군가가 잔소리를 할 때 고함을 지르면, 분명히 그는 잔소리를 멈출 것이다. 그가 당신에게 집중하지 않을 때 충격을 주면, 당신에게 집중할 것이다. 만약 그가 라디오를 너무 크게 틀어놓고 있을 때 문을 마구 두드려대면, 그는 서둘러 볼륨을 줄일 것이다. 그가 당신에 대해 충분히 신경 쓰지 않아 당신이 화를 내면, 그는 더 '신경 쓸 것'이다.

그러나 당신은 그들이 행동으로 순종하기만을 바라는 것은 아니다. 사실은 다른 사람들이 당신의 생각과 감정에 진심 어린 공감을 해주길 바라고, 요구에 대해 민감하게 알아주며, 사랑해주길 바라는 것이다.

그러나 소리를 지르고 문을 두드려대는 것으로는 이러한 것들을 얻을 수 없다. 오히려 그들은 당신의 행동에 대해 분노하고 경멸할 것이다. 확신하건대, 그들은 '드러내지 않고' 분노와 경멸을 품는다. 당신의 난폭함에 휘발유를 끼얹고 싶지 않기 때문이다.

그리고 당신이 처음 순간에 느끼는 안도감은 곧 공허함과 허탈함으로 바뀔 것이다. 실제로 상황은 더 좋아지기보다는 더 나빠질 것이다. 분노를 폭발하면 반드시 반격당할 가능성이 증가한다. 그러나 잠시 동안은 그것을 알지 못한다.

이러한 것을 알게 되면, 요구한 것은 얻었을지 몰라도 진정으로 원하는 것은 거의 얻지 못했다는 것을 깨닫게 된다.

나의 고객 중 많은 이가 이 뼈아픈 교훈을 반복해서 깨달아야만 했다. 그들은 다른 사람들이 처음 몇 분간 조마조마하며 순종하던 그 작은 보상으로 인해 분노 폭발이 유용하다는 생각이 들었다. 그러나 이러한 생각은 언어적 공격이나 신체적 공격 전략을 벗어나지 못하게 하며, 상황을 더욱 어렵게 만든다.

증권 중개인인 테드 미셸은 삶이 무너져가고 있다며 나를 찾아왔다. 테드는 집과 사무실에서 엄청난 스트레스를 받고 있었다. 테드는 스트레스를 받으면 시종일관 화를 내고 흥분된 상태로 반응한다고 말했다. 테드가 성질을 부릴 때마다 사람들은 겁을 먹곤 했다.

테드는 그러한 행동 양상에 대해 말하면서, 자신이 잘 하고 있는 게 아니냐며 나를 설득하고 싶어 했다. 그 증거로 테드는 자신이 많은 고객을 확보하고 있다고 말했다. 테드는 주기적으로 비서에게 화를 쏟아부어 비서를 '자극' 했고, 자녀들을 통제했으며, 아내를 최대한으로 끌어들였고, 심지어 골프채를 집어 던지고 나면 골프가 더 잘 쳐진다고까지 생각했다.

그러나 테드는 똑똑한 사람이었다. 오래지 않아 테드는 아이들이 자신의 주변에 있지 않으려 하고, 아내는 헤어지겠다며 겁을 주고, 8개월 동안 비서가 세 번이나 바뀌는 등 상황이 나빠지고 있음을 알게 되었다. 고객들은 종종 테드에게 전화를 다시 걸겠다고 하고는 전화하지 않았으며, 골프 점수는 5년 전 컨트리 클럽에 처음 참여했을 때보다 더 나아지지 않았다는 사실도 알게 되었다.

테드의 주위에 있을 때 아이들은 더 조용하고, 비서들은 더 열심히 일하며, 고객들은 더 확실하게 가격을 제시하고(그들이 다시 전화를 걸어 왔을 때), 아내는 더 많은 일을 해냈다. 또한 골프 경기가 더 진지해진 것도 사실이다. 그러나 그에 상응하는 부정적인 결과들이 너무 커서 그렇게 얻은 이득들을 시시하고 하찮게 보이도록 만들었다.

분노를 보이는 것은 종종 효과가 있다. 최소한 잠깐 동안은 자신이 요구하는 것을 얻는다. 그러나 대개 자신이 정말로 원하는 것을 얻는 것은 더욱 어려워진다.

야구 선수인 개리 셰리던이 장기간의 긍정적인 결과를 경험할 수 있었던 것은 오직 애써서 훈련한 것과 신중하게 진행된 계획 덕분이었다. 그 비결은 분노를 표현하는 방식을 전면적으로 통제하는 것이다. 분노를 폭발하지 않으려면 분노를 다스려야 하며, 훨씬 더 효과적인 행동으로 대체해야 한다. 이러한 종류의 전략은 이 책의 3부에서 자세하게 세부적으로 설명할 것이다.

8

내 몸은 엉망이에요. 그렇지만 화가 난 건 아니에요

앞 장에서 나는 폭발하는 사람들에 대해 이야기했다. 그들은 분노를 잘못 다루는 것이 가장 잘 드러나는 사람들이다. 그러나 쉽게 알아볼 수 없는 유형의 사람들이 있다.

이제 신체화 환자들에 대해 이야기할 텐데, 그 사람들의 몸은 칼날 같은 분노의 영향으로 들쑤셔져 있다.

⚜ ⚜ ⚜

조안 윌리엄스의 첫 마디는 나를 너무나 깜짝 놀라게 했다. "기분 나쁘게 듣지는 마세요. 저는 여기 오는 것에 대해 별로 기대가 없어요. 열다섯 살 때부터 심리학자와 정신과 의사를 많이 만나왔는데 이제 선생님이 마지막 사람이에요. 그 분들은 저에게 별로 도움이 되지 않았어요. 그리고 솔직히 말해서, 이번이 더 나을 것이라고 기대하지도 않아요." 조안은 나와 그런 이야기를 하는 것이 즐거운 듯 보였다.

"그렇다면 이곳에 왜 오셨는지 잘 모르겠네요." 내가 말했다.

"제임스 박사님은 선생님이 저를 도와줄 수 있을 거라고 하셨어요. 그분은 내과 주치의예요. 저는 그분에게 여러 해 진료를 받아오고 있어요. 그분은 항상 저의 신체적인 문제가 제 감정과 관련이 있을 거라고 생각했는데, 이제는 훨씬 더 염려가 된다고 말씀하시더군요."

조안은 나에게 자신의 신체적인 질병들에 관해 이야기를 늘어놓았다. 어떤 질병은 인생을 비참하게 만들 수도 있는 것이었다. 고등학생 때는 너무 심각한 두통을 앓는 바람에 결석을 많이 했다. 조안은 항상 생리통 때문에 너무나 힘들었다. 그리고 서른 살이 된 지 얼마 되지 않아 제임스 박사는 조안의 배탈이 아주 심각한 궤양 때문이라는 진단을 내렸다.

조안은 또한 나에게 실패한 결혼생활에 대해서도 어느 정도 자세하게 말해주었다. "그는 나를 무시했어요." 조안이 남편에 대해 말을 이었다. "그리고 그는 여러 해 동안 나를 그렇게 취급했어요." 조안은 또한 직장에서 일어난 몇 가지 일도 열거했는데, 그곳에서 고용주가 그녀를 지속적으로 이용해먹는 것을 알아챘다고 했다.

조안은 키가 크고 아름다운 여성이었다. 그러나 그런 매력에도 불구하고 조안을 힘들게 하는 무언가가 있었다. 조안의 마음은 마치 컴퓨터처럼 작동했다. 그녀는 정보를 받아들이고 그것을 매우 이성적인 관점에서 처리했다. 그래서 나는 그녀가 아직 접해보지 않았거나 해낸 적이 없는 것으로 당혹하게 할 만한 것에 대해서는 아무것도 말하지 않았다.

조안은 도움을 원한다고 주장하지만 아무것도 도움이 되지 않을 거라고 확신하고 있는 것 같았다. 그리고 자신의 생각이 잘못되었다는 걸 알게 될까봐 버티고 있는 것 같았다.

가족에 대해 말하기 시작하면서 조안은 깊은 분노를 점점 분명히 드러냈다. 어머니와 아버지는 자신들이 원하는 것을 조안에게 강요했고, 자신들의 방침대로 조안을 만들어가려고 애썼다. 조안은 종종 부모님이 함께 자신에 대해 일을 꾸몄다고 생각했다. 이와 동시에 부모님이 자신의 삶을 어떻게든 엉망으로 만들어버렸다고 결론 내렸다.

그러나 조안은 부모님을 향한 분노에 대해서는 어떤 것도 인정하지 않았다. 부모님은 최선을 다했다고 조안은 생각했다. 조안이 말을 이었다. "그러나 더 중요한 것은 저는 결코 화가 나지도 않고 원한도 없다는 거예요. 전혀요. 가끔 저는 사람들 때문에 속상하지만 화를 내지는 않아요."

조안이 거짓말을 한 것은 아니었다. 조안은 분노를 의식하지 못했다. 그러나 사람들의 상처를 연구해온 나는 내 느낌을 신뢰한다. 조안은 꿰뚫고 찢어놓기 위해 만들어진 수많은 '가시'가 달린 철조망 같았다. 나는 계속해서 조안에게 판단받는 느낌이 들어 불편했으며, 내 의견이 용납되지 않는다는 느낌이 들었다. 조안은 친구들이 거의 없다고 했다. 친구들은 조안이 원하는 것을 줄 만큼 많은 것을 가지고 있지 않아 보였다. 조안은 똑똑한 머리로 자신의 면도칼 같은 면을 너무 잘 감추고 있었다. 그 때문에 사람들은 자신들이 왜 조안 곁에 있고 싶지 않는지 그 이유를 몰랐다. 그냥 조안을 피하는 것이라는 생각이 들 뿐이었다.

그러나 조안은 그 철조망으로 자신 역시 찔러대고 있었으며, 몸에 상당히 많은 상처를 내어 생살이 드러나고 있었다.

대단히 열정적이고 지배적이었던 어머니는 어린 시절부터 조안에게 화를 내지 말라고 가르쳤다. 그리고 어머니가 얼마나 잘 가르쳤던지 조안은 심지어 분노가 아주 강하게 일어날 때조차 그것을 완벽하게 부정했다. 이런 양상은 너무 오래 지속되어 이제는 이러한 감정의 중심이 마비되어버렸다. 조안의 감정과 의식은 분리되기 시작했고, 왜 그런지도 모르는 채 병이 들었다.

처리되지 못한 분노는 조안의 몸을 수단으로 삼았으며 조안은 그러한 분노의 피해자였다. 사실 그녀는 성장하면서 몸에 무언가 이상이 생기는 것은 아주 당연한 것이라 생각했다. 조안은 아플 때 어머니에게 더 많은 관심과 돌봄을 받았기 때문에 이러한 양상은 더 강화되었다. 따라서 다른 수많은 사람처럼 조안은 대단히 끔찍한 신체적 고통을 일으키는 무의식적 전략을 채택한 것이다. 조안의 신체적인 증상들이 더 심해지는 것은 엄청난 양의 분노가 감정 안에 숨어있기 때문이었다. 조안은 자신의 몸을 과녁으로 삼았으며 그녀의 몸은 분노로 비명을 지르고 있었다.

9

분노는 몸 안의 산acid과 같다

우리 안에 분노가 곪도록 놔두면 우리 자신에게 심각한 문제를 일으킨다. 분노는 우리 몸의 세포 조직에 산acid과 같은 영향을 끼친다. 이것은 신체적인 병을 일으킨다.

루보르스키Luborsky, 도처티Docherty, 그리고 페닉Penick[2)]은 1973년 『정신신체 의학』에 흥미로운 글을 게재했다. 그들은 정신신체 증상psychosomatic symptom이 시작되기 전에 어떤 종류의 심리적 상태가 나타나는지 알아보기 위해 57개의 연구 표본을 신중하게 검토했다.

그들은 극도로 고통스러운 질병과 가장 흔히 연결되는 내적인 상태가 분노라는 것을 발견했다. 그리고 분노와 가장 밀접하게 관련된 불만이 그 두 번째 위치를 차지하고 있었다.

분노는 어떻게 그러한 파괴적인 결과를 만들어내는 걸까? 분노의

2) L.Luborsky, J. P. Docherty, 그리고 S. Penick, "정신신체 증상의 시작 조건: 연구 회고와 함께 즉각적인 관찰의 비교 재검토" Psychosomatic Medicine, 35, (1973): 187-204

감정은 몇몇 사람이 이론화한 것처럼 몸에서 에너지의 형식으로 존재하지는 않는다. 오히려 분노는 우리가 생각을 조절하면 몸에서 점점 사라진다.

예를 들어 만약 누군가가 모욕한 말을 우리가 받아들이면 우리는 상처를 받게 될 것이다. 그리고 그 상처는 우리를 모욕했다고 생각하는 그 사람에 대한 분노로 바뀔 것이다. 분노하면 우리는 신체적으로 행동할 준비를 한다. 그러고 나서 우리는 그 모욕을 처리할 능력, 즉 모욕에 대해 생각해보고 그 원인을 이해하면서 비로소 그것을 중화시킬 능력을 갖게 된다.

그러나 우리가 모욕당한 감정들을 해결하기 위해 분노를 사용하지 못한다면 무슨 일이 일어날까? 만일 상처받은 처음 상황에서 그저 피해버린다면 무슨 일이 일어날까? 그 사람이 말한 것을 생각할 때마다 상처받고 또 다시 완전히 분노하는 일이 벌어진다. 우리 몸은 고통의 원인에 대항해 효과적으로 쓸 수 있는 힘을 매번 제공한다. 하지만 우리는 이러한 자연스러운 수단을 사용하는 데 반복적으로 실패하고, 상처받은 감정은 그대로 계속 남아있게 된다.

만약 우리가 몇 달 전이나 혹은 몇 년 전에 생겼을지도 모르는 부정적인 감정들, 즉 신중하게 처리해 어떻게든 중화시켜야 했지만 그러지 못했던 경험들을 자꾸 되새김질하면, 신체는 매번 자극을 받게 된다. 분노의 반복적인 자극은 몸을 극도로 지치게 하고, 대부분의 사람들은 이것을 견딜 수 없어 몸에 병이 나게 된다.

그러므로 분노는 엄청난 고통의 원인이다. 우리 몸은 해결되지 않은 상처 때문에 끊임없이 지속되는 방어 태세의 긴장감에 눌려 무너진다.

그러나 분노는 사라질 수 있다. 사실 분노는 우리 몸의 생리학적 준비 상태를 표현하기 위해 사용하는 말이다. 분노는 모욕적인 사건을 처음부터 효과적으로 처리하는 데 사용될 수 있다. 이 책의 3부에서 그 방법을 알려 줄 것이다. 분노가 그토록 많은 신체적 고통과 통증을 유발하도록 내버려둬야 할 이유는 전혀 없다.

10

분노는 내면을 잘근잘근 씹어댈 수 있다

우리 몸은 놀라운 창조물이다. 그리고 50년 전에 비해 우리는 몸이 어떻게 작동하는지 훨씬 더 많이 알고 있다.

우리는 감정과 신체적 활동의 상호작용이 굉장히 복잡하며 서로에게 큰 영향을 준다는 사실을 알고 있다. 일반적으로 다른 사람 혹은 삶과 어떻게 관계를 맺는가에 따라 특정한 신체적 질병이 생기기도 하고 여러 가지 결과가 나타나기도 한다.

우리의 생체 기능은 두 신경계, 즉 교감신경계와 부교감신경계에 의해 조절된다. 교감신경계는 다양한 종류의 갑작스러운 상황을 다룰 수 있도록 준비하는 비상 체계이다. 이 체계가 작동하면 심장은 더 빠르게 뛰고, 혈압은 상승하며, 아드레날린이 순식간에 분비되고, 당이 더 많이 몸에 퍼지고, 근육은 긴장되며, 외경동맥은 수축된다. 비축된 모든 자원은 사용 가능한 상태가 되며, 어떤 상황에 대해서든 준비가 된다. 이 교감신경계는 외적인 사건과 내적인 사건 둘 다에 반응한다. 이는 골치 아픈 사건이나 위협적 사건, 말하자면 즉각적으로 주의를 기울여야 하는 사건을 말한다. 그리고 교감신경계가 작동할 때 우리는 그것을 '분노'라고 부른다.

중요한 핵심은 이것이다. 화가 났을 때 분노에 방아쇠를 당긴 그 상황을 해결하지 못하면, 즉 우리가 고통의 원인이라고 생각하는 것을 해결하지 못하면, 미래에 어려움을 일으킬 수 있는 두 가지 문제점이 생긴다.

1. 해결하지 못한 특정한 상황은 계속적으로 우리와 맞닥뜨리게 될 것이다. 만일 여기서 벗어나지 못하면 교감 각성 체계는 계속 경계 상태를 유지할 것이다.
2. 심지어 거리상으로나 시간상으로 그 상황에서 멀리 떨어질 수 있다고 해도, 우리는 문제가 된 그 상황들을 계속 떠올릴 것이다. 그리고 지난 장에서 언급했던 것처럼 우리 몸은 그럴 때마다 재가동될 것이다.

이런 일이 너무 자주 발생하면 신체적으로 나쁜 증상들이 일어난다. 처리되지 않은 분노 때문이라고 생각되는 스물 몇 가지 정도의 신체적 증상이 있다. 그 중 가장 일반적인 다섯 가지 증상은 다음과 같다.

1. 두통

두통에는 다양한 원인이 있다. 두통이 잦다면 의학적 진단과 심리적 진단을 둘 다 내린다 해도 이상할 것이 없다.

두통을 일으키는 가장 일반적인 원인 중 하나는 긴장이다. 분노로 몸이 자극되면 원시적인 힘으로 전쟁을 치를 준비가 된다. 근육조직 전체가 단단해지고, 준비상태가 된다. 만약 이러한 상태가 지속되면 많은 장애가 발생하기 쉽다. 수백만의 미국인이 두통을 경험하고 있는 것도 고통의 원인이 되는 상황을 해결하지 못하기 때문이다. 또한 그들은 신체적인 비상 체계를 끌 수 없다.

2. 위장병

위궤양으로 내과 전문의에게 갔다가 나를 소개받은 사람 중에는 정서적 장애와 관련이 있는 경우가 많았다. 사실, 오늘날 미국에서는 대부분의 사람이 궤양과 감정적인 상태를 자동적으로 연관지어 생각한다. 때때로 위궤양의 고통은 사람들이 감지하는 심리적 문제의 첫 번째 징후이다. 위궤양 문제로 도움을 청하고자 오는 사람은 새로운 분노표현 전략을 안고 상담실을 나가게 된다. 이 새로운 전략은 신체적 질병뿐만 아니라 중대한 다른 영역에서도 삶을 이롭게 할 것이다.

3. 감기

일반적인 감기는 다른 가벼운 질병과 같이 해마다 찾아오는 흔한 질병이다. 그러나 충분히 표현되지 못한 분노 때문에 생기는 감기도 분명히 존재한다.

어떻게 그럴 수 있을까? 감기를 일으키는 바이러스들이 항상 몸속에서 언제 어느 때고 움직이고 있는데도 감기에 잘 걸리지 않는 이유는, 바이러스들이 지배하지 못하도록 항체가 계속 막고 있기 때문일 것이다. 우리가 감정적으로 튼튼하면, 항체들은 우리가 질병에 걸리지 않도록 효과적으로 움직인다.

무력감이나 무가치함을 느끼게 하는 상황에서 벗어나려면 분노를 사용해야 한다. 그렇지 않으면 우리는 감정적으로 고통을 겪는다. 예를 들어, 좌절하게 되면 그 좌절감은 분명히 감정 상태를 망가뜨릴 것이다. 그리고 그 결과 세균에 대항하는 내부 전투가 효과적으로 이루어지지 못한다.

4. **대장염**

궤양성 대장염은 수많은 미국인에게 영향을 끼치고 있는 결장의 질병이다. 이것은 알레르기에 의한 것일 수 있지만 나의 경험에 의하면 대부분 분노 경험과 관련되어 있다. 갈등이나 어려움을 해결하는 데 분노를 사용하지 않거나 효과적으로 사용하지 못하면 결장은 자주 병이 난다. 내가 아는 어떤 사람은 적절하게 분노를 표현하지 못했는데, 나는 그 때문에 그가 대장염에 걸렸다고 확신한다. 그는 군림하려 드는 아내 때문에 속을 끓였지만 결코 그녀와 정면으로 부딪히지 않았다. 표현 전략을 바꾸라는 제안을 그가 거절하면서 상태는 점점 더 악화되었다. 그의 몸이 그에게 새로운 접근방식을 선택하라고 비명을 지르고 있는 것이었다.

5. 고혈압

지난 15~20년 동안 고혈압은 주요한 의학적 질병이 되었다. 고혈압으로 진단받은 사람들 중에는 종종 매우 경쟁적이고, 제대로 쉬지 못하며, 사람을 굉장히 공격적으로 대하는 경우가 있다. 이는 위험성이 높은 환자로, 관상 동맥의 공격에 대단히 취약하다.

분노를 부적절하게 표출하는 것이 신체적 증상의 원인이 될 수 있다는 것은 입증된 사실이다. 다음 장에서 우리는 어떻게 이런 일이 발생하는지에 대한 흥미로운 이론을 다루게 될 것이다.

11

병이 나는 것을 습득한다는 것이 가능할까?

사람들은 대부분 어린 시절 몸이 아플 때 자신을 향해 특별한 관심이 쏟아지는 기쁨을 경험했을 것이다. 그럴 때 우리는 가정의 중심이 되었고 항상 일등급의 서비스가 제공되었다.

이런 종류의 대접은 반드시 그 행동을 강화시키기 때문에, 때때로 왜 의도적으로 아픈지 이해하는 것은 별로 어렵지 않다.

그러나 아이들이 부모에게 아프다고 거짓말을 하는 것은 그리 쉬운 일이 아니다. 병이 나서 집에 있고 싶다는 생각이 학교에 가는 것과 관련된 생각보다 훨씬 더 좋은 것을 얻을 수 있을 때, 그러나 속이고 싶지는 않을 때, 병이 나는 것을 학습하는 것이 가능할까? 더 나아가, 이런 면에서 다른 사람들보다 더 월등한 기술을 학습하는 것이 가능한가? 일단 이런 질문들을 잠시 멈춰 두고 다른 연구 영역을 생각해보자.

1964년에 산들레르Sandler와 콰글리아노Quagliano[3]는 원숭이들에 대해 연구한 보고서를 발표했다. 원숭이들은 충격이 주어질 때 그것을 피하기 위해 지렛대를 누르도록 훈련받았다. 이 지렛대를 계속 누르면 원래 강도의 충격을 막을 수는 있지만, 이때도 원래의 충격보다는 좀 낮은 강도의 충격이 가해진다. 시간이 지나면서, 지렛대를 누를 때 원래 가하던 충격의 강도를 서서히 늘려가자 지렛대를 계속 누를 때 받는 충격의 강도 역시 피해야 할 만큼 강해졌다. 그런데도 원숭이들은 계속해서 지렛대를 눌렀다. 그러고 나서 원래 주어졌던 충격을 완전히 중지해보았다. 이제는 충격이 완전히 없어졌으므로 충격을 피하기 위해 지렛대를 누를 일도 없어졌다. 이제 지렛대를 누르면 그토록 피하고자 노력했던 처음의 충격보다 훨씬 더 강한 충격이 생기는데도 원숭이들은 지렛대를 누르는 것을 멈추지 않았다.

이 연구는 현실에서는 더 이상 존재하지 않을지도 모르는 상상 속의 위협의 힘을 보여주고 있다. 또한 이 연구는 대단히 중요한 것을 보여주는데, 그것은 자기공격 패턴이 다른 사람에게서 오는 처벌을 피하는 효과적인 방법을 제공한다는 이유로 습득될 수 있다는 점이다. 병이 나면 다른 사람이 우리를 향해 분노하지 않게 되고, '병이 나는' 행동은 그때 느끼는 긴장감의 해소를 통해 강화된다.

다섯 살 된 아이인 조안 윌리엄스의 엄마는 지배적이고 엄한 사람이었는데, 그녀는 평소 조안에게 절대 화를 내지 못하도록 했다. 그러던 어

---

3) J. Sandler and J. Quagliano, "신호 회피 상태에서의 자극Punishment in a Signal Avoidance situation." Paper presented at the meeeting of the Southeastern Psychological Association, Gatlinburg, TN, 1964.

느 날 조안이 아프기 시작하자 엄마의 태도가 극적으로 변했다면, 조안의 '병이 나는' 전략은 강화되지 않겠는가?

그리고 시간이 가면서 조안이 그 병으로 점점 더 힘들어져도, 엄마의 더 큰 부정적인 반응을 성공적으로 막아냈다는 이유 하나만으로도 그 전략을 계속 사용하지 않겠는가?

그리고 질병 전략에 탄력이 붙으면, 엄마의 실제 위협이 사라져도 조안의 질병 전략은 계속되지 않을까?

이 모든 것은 사람이 스스로를 아프게 만들 수도 있다는 것을 나타낸다. 나는 정신 요법의 경험을 통해 이것이 근거 있는 생각이라고 확신한다. 어떤 사람들은 매우 슬픈 경험들을 떠올려 스스로 울게 만들 수 있다. 또 어떤 사람들은 전에 본 그림의 소름 끼치는 묘사를 자세히 떠올리거나 꾸며낸 사건을 강박적으로 떠올려 스스로 토하게 만들 수도 있다. 또한 사람의 상상력은 강력하기 때문에 극심한 긴장으로 두통을 만들어 낼 수도 있다.

이렇게 스스로 만들어내는 질병들은, 무의식적인 과정이든 의식적인 과정이든 종종 자신이 원하지 않는 대안을 막기 위해 만들어진다.

그러나 그래야 할 마땅한 이유가 사라졌을 때도 충격을 주는 지렛대를 계속 누르던 원숭이들처럼, 아이들은 마치 중독되듯이 병에 걸릴 수 있다. 그들은 분노 다루는 법을 학습했지만, 결국 해로운 결과로 돌아오는 방법을 배운 것이다.

이 불합리한 전략은 없앨 수 있다. 그리고 삶의 중요한 요소인 분노를 훨씬 더 효과적으로 다루는 방법을 배울 수 있다.

12

일이 잘못 되면, 그것은 언제나 내 잘못

당신은 '폭발하는 사람'인가 아니면 '신체화하는 사람'인가? 만약 이 둘 중 하나라면, 지금쯤은 자신이 어디에 속하는지 꽤 분명해졌을 것이다. 그러나 만약 당신이 '스스로 벌주는 사람'이라면, 아직 어디에 속하는지 알지 못할 것이다. 우리는 종종 자기 개념을 너무 조용하게, 그리고 미묘하게 공격하는데, 이로 인해 인생의 위기가 찾아올 때 비로소 그것을 알아차린다. 그때 우리는 자기 개념이 위축되어 있고 일그러져 있다는 것을 깨닫는다.

해리슨 부인은 부드러운 목소리와 점잖은 태도를 지닌 품위 있는 57세의 여성이다. 해리슨 부인은 관계를 맺고 있는 모든 이에게 친절하고 배려심이 깊다. 해리슨 부인에 대해 내가 가장 먼저 알아차린 것은 부인이 나에게 신경을 쓰려고 노력하는 방식이다. 내가 해리슨 부인을 상담하기로 한 시간보다 늦어지면, 부인은 내가 누군가와 통화를 하거나 쉴 필요가 있는 것은 아닌지 확인했다. 해리슨 부인은 서두르지 않았다.

해리슨 부인은 동정심이 많고 친절한 사람일 뿐 아니라 지적인 능력도 대단히 뛰어났다. 그러나 내가 해리슨 부인을 처음 만났을 때, 부인은 단지 절반 정도의 능력만 사용하고 있는 것이 분명해 보였다. 해리슨 부인은 이전의 진정한 자신의 모습 중 아주 작은 일부분에 불과할 뿐이었다.

부인은 처음 몇 분 동안은 자신에 관해서 말했는데, 그것이 바로 자신이 해야 할 일이라고 생각했기 때문이다. 부인은 우울한 상태로 천천히, 그리고 힘없이 말했다. 우리가 만나기 6개월 전, 남편은 다른 여자 때문에 해리슨 부인 곁을 떠났다. 해리슨 부인은 그 경험에 대처하려고 노력했지만, 사실은 긍정적인 면만 보려고 노력했으며 마음 깊은 곳에서는 자신이 삶에서 낙오된 것처럼 느껴졌다.

남편은 느닷없이 헤어지자는 말을 했지만, 어느 면에서 보면 이는 갑작스러운 것이 아니었다. 몇 달 동안 남편은 보트에서 주말을 보내기 위해 해변에 갔고, 항상 일요일 밤 늦게 집에 돌아왔다. 해리슨 부인은 주말에 남편이 보고 싶었지만, 동시에 남편의 부재가 편하기도 했다. 왜냐하면 남편을 끊임없이 즐겁게 해줄 수 없을 것 같아서였다.

그러나 2주 후에 남편은 결국 집을 나가버렸고, 해리슨 부인은 너무 슬퍼서 아침에 일어나고 싶은 기분조차 들지 않았다. 사실 부인은 심각하게 자살을 고민하고 있을 만큼 너무 큰 고통을 경험하게 되었다.

해리슨 부인은 남편이 떠나버린 것에 대해 그를 탓하지 않았다. 그녀는 함께하기에 그렇게 힘든 사람이 아니었다. 남편이 별난 사람이었다. 진짜 그랬다. 그러나 여전히 해리슨 부인은 자신이 결혼생활을 성공적으로 만들었어야 했다는 생각을 하고 있었다.

상담이 진행될수록, 해리슨 부인은 30년이 넘는 세월 동안 남편과 관련된 상처와 좌절을 부인해왔다는 사실이 분명히 드러났다. 부인은 관계 속에서 자신의 결점은 심각하게 받아들였지만, 남편의 난폭한 태도와 도발적인 행동들은 그만큼 심각하게 받아들이지 않았다. 상황이 잘못되면 부인은 죄책감을 느꼈고, 자신의 잘못이라고 여겼다. 부인은 자신을 자주 무너뜨렸으며 계속해서 자아상을 엉망으로 만들었다.

해리슨 부인은 믿을 만한 사람이었고, 여러 면에서 신용을 지켜온 사람이었다. 그러나 자신을 공격하는 일을 너무 지독하게 성공적으로 해냈기 때문에 스스로를 오직 실패자로만 바라보게 되었다. 부인은 남편과 함께 사업을 시작했는데, 사업이 상당히 잘 되었다. 적어도 성공의 50퍼센트는 부인의 공이었다. 두 명의 훌륭한 아이를 길러낸 부인은 육아에 있어서 굉장히 많은 부분을 떠맡고 있었다. 게다가 대단히 가까운 친구들과의 저녁 파티에서 남편이 종종 부루퉁해서 잠들어버렸음에도 불구하고 부인은 어떻게든 친구들과 친밀한 관계를 유지했다.

그리고 부인은 남편이 (비록 그가 굉장히 재능이 있기는 하지만) 성공을 위한 또 다른 도구로서 자신을 이용한다는 것을 알아차릴 수 있었다. 남편은 대부분 부인을 무시했고 부인의 공헌을 매우 당연시했다.

부인은 종종 남편이 업무와 사회생활에서 다른 사람들과의 관계에 무심한 것 때문에 당황했다. 남편은 예측할 수 없고 신뢰할 수 없는 사람이었으며, 약속은 거의 지키지 않았고 끝까지 이행하는 일도 거의 없었다. 몇 주에 걸쳐 이야기가 진행되면서, 남편은 부인이나 다른 사람들을 대하는 방식을 통해 자신의 어머니에게 앙갚음을 한 것이라는 사실이 드러났다.

그러나 해리슨 부인은 이에 대해 화를 내지 않았다. 내가 해리슨 부인에게 화를 낼 수 있겠느냐고 묻자 부인은 충격을 받았다. 이전에 아무도 이러한 제안을 한 적이 없었기 때문이다. 자신이 실패한 사람인데 어떻게 남편에게 화를 낼 수 있단 말인가? 그리고 그는 원래 그런 사람이다.

해리슨 부인이 상처와 좌절을 다루려고 만들어낸 전략은 너무 많은 것을 자신에게 요구하는 것임이 확실했다. 사실상, 해리슨 부인은 분노가 자신의 내부를 향하도록 돌려놓고 분노를 풀어놓은 것이다. 남편이 떠나고 더는 남편과의 관계를 통제할 수 없음이 분명해지자 부인은 비참한 실패자처럼 느껴졌다. 그리고 부인은 자신의 내부에 대한 엄한 태도를 거두는 것을 편하게 받아들이지 못했다.

그러한 내부 공격이 해리슨 부인이 경험했던 극도의 우울함과 자살 충동의 원인이 되었음은 물론이다. 부인이 분노를 표출하기 위해 선택한 전략은 조직적으로 정신세계를 파괴시켰다. 부인은 스스로 자신의 생존을 강력히 위협하는 무서운 적이 된 것이다.

13

분노의 방향이 내 마음을 향하도록 돌리는 것

연구 자료에 따르면, 우리는 시시각각 스스로에게 소리 없는 메시지를 수없이 보낸다. 우리가 스스로에게 끼치는 영향력만큼 큰 영향력을 가진 사람은 아무도 없다.

그리고 어떤 이유에서든 사회는 우리가 부정적인 메시지를 보내도록 강화시키는 경향이 있다. 테니스 상대가 스스로에게 "너무 엉망으로 쳤어"라고 말하는 것을 들으면 그 말은 충분히 맞는 것 같다. 그러나 그가 "내가 포핸드를 좀 멋지게 치지!"라고 하면 우리는 그의 말이 부적절하다고 여길 수도 있다.

다른 상황에서도 마찬가지다. 식당에 들어갈 때 친구가 거울을 들여다보면서 "아이고, 모습이 엉망이네. 바람이 장난이 아니야"라고 말하면, 우리는 이 말을 마음에 들어한다. 다음날 친구가 같은 거울을 들여다보면서 "오늘 내 모습이 너무 마음에 들어"라고 한다면, 일주일 간 그 친구는 칭찬받을 기회를 다 써버린 것인지도 모른다.

이와 같이 스스로에게 분노의 메시지를 전하는 버릇에 빠지는 것은 매우 쉽다. 우리 사회에서 친구들이나 심지어 경쟁자들에게 화를 내기보다는 오히려 자신을 향해 화를 내는 것이 얼마나 더 정당화되어 있는지 생각해보라. 만일 당신이 스스로를 자주 질책한다면 당신은 가장 호감 가는 사람이 된다. 어떤 사람들은 스스로를 공격하는 사람 주변에 있는 것을 더 편안하게 느끼고 실제로 그것을 즐긴다. 그 반대는 자신을 자랑스러워하는 사람들이다. 그 사람들에게는 자만하고, 이기적이며, 자기중심적이라는 부정적인 꼬리표가 따라붙는다. 사실은 자신에 대해 객관적이고자 노력하는 사람들일지도 모르는데 말이다.

이런 사회적 분위기 때문에 분노를 자신의 내부에 겨냥하는 사람들의 비율이 점점 높아지고 있다. 사실, 자신을 향한 분노의 메시지는 덜 받아들여도 된다. 그러나 사람들이 스스로에 대한 분노 메시지를 더 강하게 나타낼수록 다른 사람들에게 인정받을 가능성은 더욱 커진다.

화가 나면 당신은 자극을 받는다. 이 상태가 분노다. 당신은 약간 화가 났을 수도 있고, 그저 약간 자극받았을지도 모른다. 그러나 화가 나면, 화가 나지 않았을 때보다 더 많은 행동이 준비되는 것은 사실이다.

그래서 만일 당신이 자신의 감정을 따르도록 준비상태를 사용하는 법을 배워왔다면, 당신은 열정적으로 그렇게 할 것이다.

우리 주변에는 스스로를 공격하는 사람들이 너무나 많다. 우리 사회가 그런 식으로 가르쳤기 때문이다. 그리고 그들이 그렇게 할 때마다 사회는 그들을 더 강화시켰다. 이제 그 행동 양식은 많은 사람에게 자리를 잡았다.

14

우울증 : 전국적인 유행병

월스트리트지의 보도에 따르면 미국은 정서적인 우울증의 유행으로 고통받고 있다. 인류에게 영향을 미치는 다른 어떤 질병보다 우울증으로 인해 고통받는 사람이 더 많다는 사실에 많은 전문가가 동의한다.

우울증에는 복잡한 원인들이 있지만, 그 중 두 가지 원인은 분노를 다루는 방식과 직접적으로 관련이 있다.

첫 번째 원인은 분노를 올바르게 표현하는 본보기가 거의 없기 때문에 분노를 유용하게 사용하는 방법을 잘 알지 못한다는 것이다. 분노의 진짜 목적은 환경을 관리하기 위한 수단, 특히 우리를 아프게 하고 좌절하게 하고 두렵게 하는 것들을 관리하기 위한 수단을 제공해준다는 데 있다. 만일 우리가 그런 환경을 충분히 다루지 못하면 주기적으로 불만족스럽고 무력한 느낌을 경험하게 될 것이다. 우리를 둘러싼 환경은 다루기 힘든 것처럼 보일 것이다. 환경 때문에 생기는 문제들은 해결하기가 너무 어렵다.

두 번째 원인은 첫 번째 원인에 이어서 나타난다. 외부의 문제들과 관련해 자신이 불충분하다는 생각이 들면 스스로에게, 특히 실패에 대해 더욱 관심을 집중하게 된다. 사회는 우리가 결점에 집중하도록 끊임없이 강화시키기 때문에 우리는 점점 더 이것에 능숙해진다.

결과적으로 자존감은 위험한 수준으로까지 감소한다. 줄줄이 이어지는 내부 메시지는 우리의 존재가치를 훼손한다. '오늘 일을 많이 끝내지 못했어', '옷을 세탁소에 맡기는 걸 잊어버렸어', '나는 바비가 파티를 준비하는 걸 잘 도와주지 못했어', '부모님을 더 자주 찾아뵈어야 하는데 그러지 못했어', '나는 지금보다 훨씬 더 테니스를 잘 쳐야 하는데', '나는 오늘 골프채를 형편없이 휘둘렀어'.

어제 엄청난 양의 일을 했다는 것, 빨래를 다 했다는 것, 전반적으로 바비의 훌륭한 어머니라는 것, 부모님을 매주 뵙고 있다는 것, 친구들 사이에서 테니스를 가장 잘 친다는 것, 평소보다 골프를 더 잘 쳤다는 사실 등은 중요하지 않다. 잘못된 것은 무엇인지, 개선해야 할 필요가 있는 것은 무엇인지, 그리고 무엇이 확실한 결점인지에 집중하기만 한다. 그래서 자신을 점점 무가치하게 느끼도록 만든다.

결국 자기 개념은 구멍이 숭숭 난 허점투성이가 된다. 분노를 스스로를 향해 돌려놓고 우울해지도록 원인을 제공한다. 삶의 상처와 좌절을 효과적으로 다루는 데 분노를 적절히 사용하지 못하는 것이다. 자신을 괴롭히는 이러한 사회적 추세는 상당한 양의 자존감을 파괴하고 있다.

낮은 자존감은 계속해서 패배감을 가져오며, 외적인 환경과 내적인 균형을 유지하려는 바람을 모두 실패하게 만든다.

그토록 많은 미국인에게 끊임없이 따라다니는 우울증이 이러한 것들의 결과라는 사실은 놀랄 것도 없다.

15

인생이 수고할만한 가치가 거의 없을 때

자살에 대한 생각은 무력감을 느끼는 사람들에게 공통적으로 나타난다. 그리고 무력감은 스스로가 최악의 적이 되어버린 사람들에게 공통적으로 나타난다.

우리는 종종 어떤 욕구도 느끼지 못할 때 무력감을 느끼지만, 일단 무력감이 확실히 자리를 잡고 나면 그 무력감을 없애는 데 상당히 주저한다.

대단히 흥미로운 심리학적 연구가 1968년 셀리그먼Seligman에 의해 발표되었다.[4] 이 연구는 개들의 학습된 무력감에 관한 것이다.

큰 상자에 작은 칸막이로 두 칸을 나누어 개가 쉽게 뛰어넘을 수 있도록 한 다음, 개들을 상자에 넣어 실험했다. 한쪽 칸의 바닥 위에는 전

---

4) M. E. P. Seligman, S. F. Maier, and J. H. Geer, "개들의 학습된 무력감의 완화Alleviation of Learned Helplessness in the Dog." Journal of abnormal Psychology, 73, No. 3, (1968): 256-62.

기충격이 공급되는 금속선이 설치되었다. 불빛이 희미해지면 전기충격이 가해졌고, 개들은 다른 칸으로 점프함으로써 간단하게 충격을 피할 수 있었다.

그 다음에는 개들이 충격을 피하지 못하도록 목줄을 채워 상자에 넣었다. 아무리 벗어나려 애를 써도 그 개는 금속선이 설치된 칸에서 벗어날 수 없었다. 불빛이 희미해지자 개들은 움직이려고 애를 썼다. 그러나 개들은 그곳에 묶여 있었으므로 고통을 견뎌야만 했다.

이 연구에서 가장 흥미로운 것은 개들이 비교적 짧은 시간 목줄을 찬 경험을 했는데, 더는 안전한 곳으로 뛰어넘으려는 의욕조차 보이지 않았다는 점이다. 심지어 목줄이 제거된 후에도 개들은 뛰어넘지 않았다. 불빛이 약해질 때 개들은 불안한 몸짓을 보이며 앞으로 받을 충격에 대해 그저 긴장하기만 했다. 일주일 후에 다시 실험했는데 그때도 이 행동은 계속되었다. 그래서 개들에게 쉽게 충격을 피할 수 있다는 것을 알려주기 위해 다른 칸으로 가도록 도와주었다. 그러나 그 다음에 계속되는 실험에서도 개들은 그 장소에서 여전히 완고하게 버티고 있었다.

이 실험의 결과는 내가 환경에 무기력해진 우울한 사람들을 관찰한 결과와 매우 유사하다. 분노의 자극으로 생겨난 힘을 사용하지 못하면 매우 상처받기 쉬운 상태가 된다. 그리고 자신에게서 결점을 찾는 방향으로 점점 더 기울면 그들의 무력감은 압도적으로 커진다.

이 책의 3부를 살펴보면, 누구나 분노를 효과적으로 다루는 법을 배울 수 있다. 이러한 사회에서 그 기술을 배우지 않는 것은 스스로에게 목줄을 매어 불빛이 약해질 때 탈출할 수 없는 상황을 만드는 것과 같다.

16

친구가 없습니다. 왜냐하면 아무도 나에게 전화를 하지 않으니까요

은밀한 사람들은 일반적으로 분노를 가장 영리한 방식으로 잘못 다루는 사람들이다. 그들은 마술사와 같다. 마술사들의 움직임 속에서 무언가를 알아차리기는 거의 불가능하지만, 어떻게든 그들은 당신에게 마술을 해낸다. 은밀한 사람들은 대부분 자신의 분노를 인식하지 못한다. 그들은 타인에게 단지 웃기려는 시도를 했을 뿐이라고 생각한다. 자신의 말이나 행동에는 어떤 나쁜 의도도 없었다고 주장하며 타인이 그것들을 다 상상해낸 것으로 믿게 하려고 애쓴다. 그러나 눈에 보이지 않는 공격을 당하는 느낌이거나, 속상하거나, 놀림받는 느낌이 들거나, 위축되거나, 다른 사람 앞에서 바보가 되는 것처럼 느껴진다면 당신의 느낌을 믿어라. 은밀한 사람이 있는지 주위를 둘러보라.

알렉스 반즈는 42세의 정형외과 의사이다. 업무는 넘쳐났지만 알렉스는 신물이 났다. 세 개의 진료실은 항상 가득 찼고 쉬는 시간이 거의 없이 온종일 진료를 봐야 했다. "저는 시간이 소모되는 수많은 전화를 매일 받아야 합니다." 알렉스는 불평했다. "3일에 한 번씩 야간 비상대기 당번인데, 너무 힘들고 정신없이 바쁩니다." 알렉스의 봉사정신과 상당한 재정적 보수도 이미 오래 전부터 동기부여가 되지 않고 있었다.

결국 알렉스는 개인 생활에서도 신물이 났다는 것을 내비쳤다. "우리 부부는 성관계를 거의 하지 않습니다. 아내는 전혀 관심이 없어요. 그리고 아이들이 낯설게 느껴집니다. 아이들에 대한 모든 결정은 대부분 아내가 다 하고 저는 외부인 같아요. 아이들은 거의 아내에게만 말을 합니다."

그에게 가까운 친구 세 명의 이름을 말해보라고 하자, 알렉스는 어떤 이름도 대지 못했다. 알렉스는 "아무도 저한테 전화를 하지 않아요"라고 말했다. 나는 그의 반응에 깜짝 놀랐다. 그러나 이것은 알렉스가 그저 피상적인 대인관계를 맺고 있다는 사실을 드러낸 것뿐이다.

아내인 샌디는 알렉스가 거의 어떤 일도 앞장서서 하지 않는다며 불평했다. "남편은 연구에 파묻혀서 아이들이나 제가 먼저 다가와 상의하기를 기다려요." 샌디는 괴로워보였다. "세상이 자신에게 다가오길 원하고 자신의 필요를 돌봐주길 원하죠. 친구들에게도 결코 먼저 연락하는 법이 없어요. 그는 성관계나 다른 모든 면에서 제가 주도하길 기다립니다. 그러고는 그런 식으로 일이 진행되는 것에 만족하지 못하고 제가 제대로 하지 않았다며 불평해요. 저는 남편과 함께 뭐 하나 제대로 하지 못하는 것에 지쳤어요. 그를 아이처럼 다뤄야 하는 것도 지쳤고요."

몇 주간 들은 것에 따르면, 알렉스는 분노를 다루는 방식을 잘못 선택해 자신과 모든 것을 파괴하고 있는 것이 분명했다. 알렉스는 항상 간접적인 방법으로 모든 것을 공격했다. 알렉스는 어떤 것도 단호하게 하는 일이 없었고, 기다리기만 했다. 누군가가 알렉스에게 다가가기를 시도하지 않는다면, 그는 알렉스를 실망시킬 것이다. 그리고 만일 알렉스의 필요를 충족시켜 주기 위해서 무엇이든 시도한다면, 알렉스는 언제나 불충분하거나 표준에 미치지 못하는 것으로 평가할 것이다. 알렉스는 전형적인 수동-공격형passive-aggressive 사람이다. 알렉스는 가장 파악하기 힘든 방법으로 분노한다. 화가 났다고 말하는 적이 절대 없고, 화가 났는지 물어보면 항상 부인한다. 마치 미꾸라지처럼 잘도 빠져나가 확인하기 너무 어렵지만, 알렉스가 매우 화가 났다는 것에는 의심의 여지가 없다.

알렉스는 다른 사람들을 난감하게 느끼도록 하는 것에서 유일한 만족을 얻는 것처럼 보였다. 그리고 다른 사람들이 자신을 돕도록 유도해 놓고, 그들이 도우려고 하면 그들을 좌절하게 만든다. 알렉스는 이러한 독한 게임을 완전히 주도하고 있었다.

한 가지는 분명했다. 그 방식을 바꿀 수 있는 유일한 사람은 오직 알렉스 자신뿐이라는 것이다. 그리고 알렉스 자신이 그러한 생각을 해야만 한다. 왜냐하면 알렉스는 다른 사람들의 의견이 훨씬 더 가치 있을 거라고 절대로 생각하지 않기 때문이다. 그 수렁에서 빠져나와 전진할 것을 결정할 수 있는 사람은 오직 알렉스 자신뿐이다.

그러나 이 수동-공격의 양상은 알렉스의 성격과 너무 많이 엮여 있어서 영향을 끼치지 않는 영역이 거의 없는 지경이었다. 이것은 그의 정체성의 핵심인 것 같았다. 어떻게 해야 알렉스가 이 잘못된 전략을 완전히 그만둘 수 있을까? 특히 이 전략이 너무 잘 작동하고 있을 때는? 수동-공격의 양상이 다른 사람들을 좌절하게 하려고 만들어진 것이라면, 이것은 제 임무를 다하고 있는 셈이었다.

불행하게도 이것은 알렉스가 분노와 역정을 표현하도록 배운 유일한 방법이다. 다른 사람을 무너뜨리는 과정 속에서 자신의 행복이 파괴되는 것은 그리 중요해 보이지 않았다. 알렉스는 덫에 갇혔지만 풀어달라고 요청하지도 않았다.

17

간접적이고 은밀한 접근

주변 사람들에게는 좋은 사람인 척하지만 끊임없이 당신을 지치게 하는 사람만큼이나 짜증나는 것도 없다. 이런 경우는 두 배로 힘이 든다. 그 사람은 당신의 가장 아픈 부분을 공격하지만, 그리고 나서 전혀 그런 의도는 아니었다고 주장한다. 그리고 당신은 어떤 식으로든 그 말이 사실인지 완전히 확신할 수 없다. 사실은 아마 그 사람도 마찬가지일 것이다.

분노를 은밀하게 표출하는 데는 수백 가지 간접적인 방법이 있다. 험담하기, 놀리기, 훼방하기처럼 분명한 것이 있는 반면 시험에서 낙제하기, 과음하기, 또는 혼외정사처럼 덜 분명한 것이 있다. 이것은 모두 화나게 만든 사람들에게 앙갚음하려고 계획한 것이다. 끊임없이 늦고, 기다리게 하며, 전화나 편지에 결코 응답하지 않는 사람들이 있다.

만약 이런 사람들을 발견한다면, 다음과 같은 간접적인 표현을 매일 두세 가지 찾을 수 있다. 누군가가 당신에게 중요한 메시지를 전해주는 것을 '잊는다', 절대적인 신뢰를 가지고 친구에게 비밀을 털어놓았는데 친구가 그것을 다른 누군가에게 말한다, 직원 중 한 명이 어떻게든 팀의 노력을 방해한다, 당신이 이끌어가는 소모임 토론을 끊임없이 혼란스럽게 만들거나 중간에 잠들어버린다, 어떤 '친구'는 당신에게 개인 수표를 끊어주고 나서 그 계좌에 충분한 돈이 생기지 않도록 관리한다.

당신은 무엇을 할 수 있을까? 어쩌면 그런 행위가 정말로 실수였을지도 모른다. 만약 그들에게 맞선다면 그들은 충격이나 상처받는 것처럼 보일 것이고, 완벽하게 순진한 척을 하며, 당신이 받은 것보다 더 상처받은 것처럼 보이려 할 것이다.

어떤 사람들은 아주 어릴 때 이런 식의 분노 표현을 배운다. 가족 중 중요한 사람이 이런 식으로 접근하는 본보기를 보였기 때문이다. 또는 어쩌면 분노를 실제로 드러내는 것을 허락받지 못했고, 우연한 기회에 이러한 분노 표현방식이 나타났을지도 모른다. 이런 방식이 어떻게 강화되었는지 이해하는 것은 어렵지 않다. 이런 접근 방식으로 분노를 표현하면 처음 몇 번은 사람들이 매우 친절하게 마음을 써준다.

그러나 이러한 분노 표현전략은 사실상 결코 건설적이지 않다. 이런 전략은 건설적이지 않도록 설계되어 있다. 그리고 심지어 이 전략이 관계를 파괴하는 결과를 가져오는데도, 이 전략을 포기하는 것은 믿을 수 없을 정도로 어렵다. 사람들은 이 전략의 두 가지 면 때문에 파악하기 매우 어려워한다. '행위자'는 종종 자신의 행동을 알아채지 못한다. 그리고 누군가가 맞서면, 실제 사실에 대한 어떤 분석에 대해서도 그것을 계속 흐리게 만드는 핑계를 무수히 찾아낸다.

18

드러내면 안 돼. 하지만 그럴듯하게 보여라

이것은 은밀한 사람들이 부르는 주제곡 제목임이 분명하다. 이 곡은 그들의 머릿속에서 의식의 주변을 따라 흘러나오며, 그 선율은 사람들을 끌어들일 만하다. 은밀한 사람이 이 노래를 얼마나 많이 듣게 되는지는 사람에 따라 상당히 다르다.

예를 들어 소극적-공격passive-aggressive 성향의 정형외과 의사인 알렉스 반즈가 이 노래를 많이 듣는다고 생각하지는 않는다. 알렉스는 종종 아내가 좌절하는 것만큼이나 자신의 소극적 공격 방식에 좌절하는 것처럼 보인다. 내가 알렉스에게 그 의미를 분명하게 하고 그의 삶 속에서 실망스러운 경험에 대해 새롭게 반응하는 법을 진전시키려고 노력했을 때, 알렉스는 잠시나마 협조하려고 했다. 적어도 그때는 그렇게 하는 것처럼 보였다. 그러고 보니 알렉스는 이 노래를 진짜 많이 들었을지도 모르겠다.

그러나 알렉스는 여태껏 만나보고 싶은 사람들 중에서도 가장 멋진 사람처럼 행동했다. 많은 사람이 그렇게 생각했다. 알렉스는 가끔 너무나 매력적이다. 그러나 만약 당신이 그 유혹에 빠지고 나면 진절머리가 날 것이다. 풋볼에 비유하자면 그때부터 당신은 항상 공을 들고 있을 준비를 해야 하지만, 절대 득점을 해서는 안 되며, 터치다운으로 끝내지 않는 게 신상에 좋을 것이다.

은밀한 방식으로 분노를 표현하는 사람들이 단연코 가장 큰 좌절감을 일으키는 사람들이라는 사실은 피해갈 수 없다. 분노를 겉으로 폭발시키는 사람들에게 상대적으로 좋은 점이 있다면 그들은 분노를 후딱 해치워버린다는 것이다. 만약 말이나 주먹으로 공격당하면, 최소한 당신은 그들이 분노했음을 알 수 있다. 그리고 잠시 후에는 그들이 왜 화가 났는지 그 이유를 알 수 있다.

그러나 은밀한 사람들은 그렇지 않다. 비슷한 일이 계속 일어난다는 것 외에는, 당신은 그에 대해 어떤 것도 확실히 알지 못한다. 당신이 할 수 있는 것이라곤 속을 끓이는 것이 전부다. 당신은 모든 것을 시도해본다. 그러나 그에게 맞서면 그는 빠져나가버리고 오히려 당신이 노력하지 않았다고 비난한다. 당신은 그에게 최선을 다하지만 늘 충분하지 못하다.

유다는 은밀한 사람이었다. 유다는 예수를 죽이도록 내준 제자로 역사에 길이 남아있다. 유다가 기독교 이야기의 핵심 사건을 이끈 중요한 역할을 맡았음에도 불구하고, 누구도 유다의 책임을 면해주지 않는다. 유다가 배반자요 반역자라는 사실은 충분히 나쁜 것이다. 그러나 유다가 접근 방식에 있어서 비밀스러웠고, 너무나 교활했으며, 지나치게 간접적이었다는 사실은 훨씬 더 나쁜 것이다.

사람들이 당신에게 화가 났을 때 당신의 눈을 직접 바라보며 싸우는 것이 고맙지 않은가? 이렇게 하는 사람들은 문제를 건설적으로 해결하기 위해 당신과 확실히 마주 대하려고 하는 것이라 생각한다.

은밀한 사람들은 결코 당신의 눈을 바라보지 않는다. 그들은 그렇게 직접적이지 않다. 그리고 그들은 건설적인 문제 해결에 대해서는 관심이 없다.

그러나 그들을 너무 심하게 대해서는 안 될지도 모르겠다. 그들은 분노를 다루는 잘못된 방식에 끔찍하게 갇혀 있다. 그들에게 기적 같은 효과를 낳을 수 있는 방법은 아무것도 없다. 그들은 새로운 노래를 들어야 한다.

19

노련하게 행동하는 토라진 사람 : 비밀스러운 거인

당신은 토라지는 사람들을 알고 있을 것이다. 그들은 아랫입술을 쭉 내밀고 뚱한 행동을 함으로써 경멸과 불만을 나타낸다. 그러나 토라진 사람 중 진짜 노련한 사람은 들키지 않고 경멸함을 보여주려고 애쓴다. 그는 입술을 내미는 것처럼 분명한 행동은 어떤 것도 하지 않는다. 이런 유형의 토라진 사람은 엄청난 힘을 가지고 있다. 그가 행동에 돌입하면, 한 공동체나 다른 사람을 향해 엄청난 압력을 가할 수 있다. 소리 없이 상황은 무너지기 시작한다. 당신은 주변에서 이런 사람을 겪어본 적이 있는가?

테니스 코트에 있든지, 가족과의 저녁 식사자리에 있든지, 직장의 현장에 있든지, 또는 대학 여학생 동아리에 있든지 그것은 중요하지 않다. 노련하게 토라지는 사람은 어떤 상황, 어떤 장소에서든 자신이 원하는 바를 행할 수 있다.

토라진 사람이 아직은 서투르다면, 당신은 그가 토라졌다는 것을 간파할 수 있을지도 모른다. 지켜볼만한 것들이 몇 가지 있다. 그는 너무 긴장해서 모든 사람이 웃고 있을 때 아무리 노력해도 미소를 지을 수 없다. 당신은 눈치를 챈다. 또는 자신이 원하는 것 이상으로 훨씬 더 조용히 있거나 전혀 끼어들지 않는다. 당신은 그의 행동에서도 역시 많은 정보를 얻을 수 있다. 그는 토라져 있을 때 경련을 일으키듯 움직인다. 심지어 귀를 긁을 때, 팔은 보통 때보다 두 배는 빠르게 움직인다.

그러나 토라지는 것에 노련해지면, 알아채는 것은 거의 불가능하다. 당신은 그가 무엇을 하고 있는지 안다고 생각한다. 왜냐하면 응징하는 분위기가 흐르기 때문이다. 그러나 그는 당신이 그런 생각들을 꾸며내고 있다고 생각하게 만들려고 한다. 그는 별로 말을 많이 하지 않고 살짝 말할 뿐이지만, 그 정도로도 충분하다. 그는 또 약간 따분하다는 듯이 '그렇게 재미있지는 않은데'라는 듯한 미소를 살짝 짓는다. 그러나 그는 미소를 통해 자신이 무엇을 하고 있는지 감추려는 것이다. 그의 움직임은 평소에 하는 것과 거의 정확하게 동일하다.

그럼에도 불구하고 그는 당신에게 행동을 취하고 있는 중이다. 그는 당신이 이 사건을 꽤 따분하고 별일 아닌 것으로 느끼도록 만들고 있다. 때때로 그는 더 큰 보상을 받으려 한다. 즉, 당신이 '이것은 어리석고 형편없는 생각이며 모든 것이 내 잘못이야'라는 기분을 느끼도록 하는 것 말이다. 그의 주요한 기술 중 하나는, 몸은 그대로 당신 앞에 둔 채로 자신의 존재를 사라지게 하는 것이다.

그는 당신을 기분 나쁘게 만들려고 애쓴다. 보통 당신이 그에게 했던 일들에 대해 죄책감을 느끼게 만들고 싶어 한다. 그러고 나서 당신이 자신에게 신경 써주기를 바란다. 만약 그가 당신을 벌하는 동시에 그가 바라던 것을 자신의 방식으로 얻게 되면, 그는 행운을 거머쥐는 것이다.

이런 전략이 가끔, 적어도 잠시 동안은 효과가 있다는 것을 믿을 수 있겠는가?

토라지는 사람들에게서 자주 일어나는 일의 예를 들어보겠다. 어떤 사람이 테니스 게임을 하는 중에 토라졌다고 해보자. 그가 갑자기 매우 조용해지고, 더는 농담하지 않으며, 공을 쳐낸 후에 빨리 달려가지 않거나, 공을 그리 세게 치지 않는다. 나는 즉각적으로 무슨 일이 일어난 것인지 생각한다. 내가 죄책감을 느껴야 하는 어떤 일을 저질렀나? 만약 그렇다면, 나는 그와 대화를 나누고 사과하려고 첫 번째 서브 기회가 왔을 때 네트쪽으로 다가갈 것이다.

그러나 나에게 잘못이 없다고 느껴지면 좀 더 지켜볼 것이다. 그리고 그 사람이 경기를 하고 싶지 않아 보이면 나도 경기를 멈추는 것에 응해준다. 그는 대개 어떻게든 경기에서 최대한 많은 즐거움을 빼앗으려고 한다.

벤치로 자리를 옮기면, 나는 잘못된 일이라도 있는지 물어볼 것이다. 토라지는 사람은 그 질문에 대해 절대 열린 방식으로 반응하지 않는다. 그러나 다행스럽게도 그가 토라지는 사람이 아니라면 자신도 이해하지 못하는 어떤 이유 때문에 매우 슬프다거나, 평소와 달리 몹시 힘든 한 주를 보내느라 완전히 지쳐버려서 그렇다고 말해줄지도 모른다. 그리고 나는 분명히 그 두 가지 상황 모두 이해해 줄 것이다.

그러나 토라지는 사람은 그렇게 직접적으로 절대 털어놓지 않는다. 그들은 화가 났는데도 그것에 대해 당신에게 이야기하려고 하지 않는다. 하지만 그들은 화난 것에 대해 분명히 당신을 벌주고 싶어 한다.

토라지는 사람이 삶에 어떻게든 연관되면 많은 마찰이 생기게 되고, 그것에 대해 할 수 있는 일은 그다지 많지 않다. 어쩌면 그녀는 내 가까운 친구의 아내이거나, 내가 일하는 곳에서 일하는 누군가일 수도 있다. 이 사람들이 변하지 않으면, 이 문제를 어떻게 다룰 것인지 결정을 내리기가 매우 어려울 것이다.

그러나 이것만은 확신해도 된다. 토라지는 사람들은 분노를 표현하고 있는 중이다. 그들이 이런 행동을 두 번째 나타내면 그때는 그것을 느낄 수 있다. 그들의 행동은 매우 이기적이며 미숙한 형태의 분노 표현방식이며, 절대로 긍정적인 결과를 가져오지 못한다.

그러므로 우리는 분노하는 자들의 전략을 강화시키는 행동을 해서는 절대로 안 된다. 자신을 나쁘게 여기는 것에 반응을 보이거나, 그들을 도우러 달려가거나, 그들의 기분을 좋게 만들려고 애쓰는 것은, 바로 그들이 원하는 것이고 동시에 그들에게 너무나 해로운 것이다.

그들은 분노를 좀 더 사려 깊고 유익한 방법으로 다룰 수 있도록 도움을 받아야만 한다. 그렇지 않으면 결국에 그들은 토라진 채로 곁에 아무도 없다는 사실을 발견하게 될 것이다.

20

비꼬는 재치 : 다트를 던지는 기술

그녀는 정말 웃기고 재미있는 사람이지만 항상 그녀 주변에 있으면 불편하다. 왜일까? 나는 그녀가 그런 식으로 사람들을 비꼴 때는 심각하게 그러는 게 아니라는 것을 안다. 그녀는 그저 재미있으려고 그러는 것이다.

내담자 중 한 여성이 남편 동료의 아내와 좋은 관계를 맺으려고 애를 쓰고 있었다. 그녀는 '재미있는 농담'을 하고 '사람들을 쪼아대는 것'에 맞장구치는 데 어려움을 겪고 있었다.

그러나 몇 사람이 즐거워지려면 누군가는 희생되어야 한다. 때때로 그들은 스스로를 우습게 만들기도 한다. 이러한 것이 적대적인 일이 될 수 있을까?

그렇다. 그럴 수 있다. 심지어 그것이 자신을 공격하는 말이라 해도, 비꼬는 재치로 옷을 입은 언어적 공격은 다른 사람을 찌르거나 어쩌면 다른 사람의 가슴을 관통하기 위한 목적을 가지고 있을 수 있다. 그들이 던진 말은 농담이다. 그러므로 그 말에 대해 실제로 기분이 상하면 안 된다. 그러나 웃음이 사라지고 나면 뜨거운 화살에 찔린 부분들이 보이기 시작한다. 상처를 받은 것이다. 분노가 은밀히 표현될 때 이러한 일이 일어난다.

만약 다트가 또 다른 누군가를 향한다면 쉽사리 웃음을 자아낼 것이다. '그녀는 절대로 그런 식으로 나를 쪼아대지는 않을 거야'라고 스스로에게 말한다. 그러나 너무 장담하지 마라. 벌을 주려고 분노를 농담으로 위장하는 법을 배운 사람들은 좀처럼 목표에 차별을 두지 않는다. 그들은 점수를 얻으려는 열망이 너무나 강하다. 자리에 없는 사람들을 향해 다트를 던지고 있더라도, 그 자리에 있는 목표를 향해 쉽게 돌아설 수 있다. 특히 그들에게 반대 의견을 내거나 그들을 방해하는 사람이라면 누구든지 만만한 대상이 될 수 있다.

이런 '재치 있는' 사람들은 누구일까? 내 경험에 의하면 그들 대부분은 굉장히 영리하며 창의적인 사람들이다. 그래서 그토록 재치가 넘치는 것이며, 다트를 그렇게 매번 정확하게 던질 수 있는 것이다. 그러나 나는 그들에게서 두 가지 또 다른 특성을 발견했다. 그들은 다른 사람들과 어떻게 비교되는지에 대해 관심이 무척 많고, 다른 사람들의 감정을 그리 심각하게 받아들이지 않는다.

이런 사람들 대부분은 정면으로 맞서기에 너무나 힘든 사람들이다. 그들은 항상 이렇게 말할 것이다. "미안해. 나는 그저 재밌으려고 그런 거야. 기분 나쁘게 하려는 의도는 전혀 없었어." 그리고 당신에게 더 '재밌는' 다트를 던지는 데는 그리 오랜 시간이 걸리지 않는다. 그저 당신이 등을 돌릴 정도의 시간이면 충분하다.

이런 식의 분노 방식은 다트의 양과 크기에 따라 매우 다양하다. 어떤 사람들은 거의 보이지도 않는 매우 작은 다트를 많이 던지는 반면에 어떤 사람들은 던지는 횟수는 적지만 그보다는 더 큰 다트를 던진다. 그들이 알든 모르든 두 경우 모두 사람들에게 상처를 준다.

다트를 던지는 사람들은 다른 사람들을 웃게 하고 있다는 것에 의해 행동이 강화된다. 그래서 그들은 계속해서 빈정거리고 말장난하며 쪼아댄다. 그러나 자신들의 방식이 인간관계의 성장을 아주 어렵게 만들고 있다는 것을 거의 알지 못한다. "그녀는 정말 웃기고 재미있지만 저는 그녀 옆에 있으면 불편해요." 불편한 특징을 지닌 인간관계는 좀처럼 지속될 수 없으며 성장할 수도 없다.

게다가 그런 식으로 화살을 던지는 사람은 결국 스스로에게 던진 예리한 다트에 맞아 쓰러지는 것으로 끝날지도 모른다.

II

분노는 왜
그렇게 오해를 받는가?

II

21

분노를 제대로 이해하기

이 책의 단순한 구조가 당신 마음에 들기를 바란다. 나는 1부에서 대부분의 사람들이 어떻게 분노를 잘못 다루는지에 관해서 이야기했다. 네 가지 기본적인 유형, 즉 폭발하는 사람, 신체화하는 사람, 스스로 벌주는 사람, 그리고 은밀한 사람 등이 그것이다. 아마도 당신은 자신이 이 유형들 중의 하나 또는 그 이상의 방식에 속해 있다는 것을 인정할지도 모른다.

2부에서는 분노란 정확히 무엇인가, 분노가 적대감·공격·증오와 어떤 관계가 있는가, 그리고 일반적으로 특정 조건 하에서 무슨 일이 일어나는가 등을 살펴볼 것이다. 2부의 마지막 부분에서는 더 많은 의견을 보여주기 위해 고대 철학자들의 지혜와 성경의 가르침을 인용했다.

3부는 분노를 다루는 법으로 구성되어 있다. 3부의 목표는 당신이 분노를 다루는 데 숙련가가 되도록 돕는 것이다. 당신이 그 제안들을 따르면 목표를 향해 상당한 진전을 보이리라 확신한다.

다음은 3부에서 전달하고 싶은 다섯 가지 기본 개념이다.

1. 분노하는 능력은 생물학적으로 주어진 것이다. 우리는 모두 이 능력을 가지고 있다. 이것은 숨 쉬는 것만큼이나 자연스럽다.
2. 분노는 심리적 자극이다. 분노는 행동을 취하려고 준비하는 상태이다. 분노의 정의 안에는 어떠한 행동적 요소도 포함되지 않는다.
3. 우리가 분노로 인해 무언가를 하게 될 때, 우리는 분노를 표현하는 쪽으로 움직이게 된다. 그리고 분노를 어떻게 표현해야 하는지 배우게 된다. 분노 표현에는 유전적 요소가 전혀 없다. 그렇기 때문에 분노 표현법은 수정될 수 있다.
4. 우리가 분노를 표현할 수 있는 방법은 매우 많다. 공격은 그 방법들 중 하나다. 그러나 분노와 공격은 다른 용어다.
5. 분노는 유익한 방향으로 표현될 수 있다. 유익한 분노 전략을 선택하려면 생각하는 능력을 최대한 활용해야 한다. 적절한 분노 표현방법을 선택할 때 삶에서 얻는 만족감은 크게 증가할 것이다.

2부에서는 몇 가지 다른 주제들이 논의될 것이다. 그러나 만일 이 다섯 가지 기본 개념을 충분히 이해한다면, 훈련 단계인 3부를 위한 준비를 잘 마치게 될 것이다.

22

그럼, 분노란 무엇인가?

앞서도 말했듯이 살아 있는 모든 사람은 분노를 경험한다. 분노는 생물학적인 유전의 한 부분으로서 고마운 선물이다.

분노는 신체적인 준비 상태를 말한다. 화가 나면 우리는 행동할 준비를 한다. 생리학적으로 일어나는 일이다. 아드레날린이 더 많이 분비되고, 당이 더 분비되며, 심장박동은 더 빨라지고, 혈압은 상승하며, 동공은 확장된다. 정신을 바짝 차린 상태가 된다. 그래서 화가 나면 자신의 모든 힘을 이용할 수 있는 상태가 된다.

준비와 힘, 오직 이것만이 분노이다.

왜 이러한 상태가 되는지 아직 말하지 않았다는 것에 주목하라. 분노와 관련된 어떤 행동에 대해서도 언급하지 않았다는 사실이 분노의 정의보다 더 중요하다. 행동은 분노의 표현이므로 독립적으로 생각해봐야만 하기 때문이다.

분노는 매우 다양한 상황에 대처할 수 있도록 하기 위해 생겨난다.

분노는 생존을 위해 작동하는 생물학적 장치다. 만일 분노하는 능력이 없다면 이 세상에 자신의 주장을 내세울 수 없을 것이다. 수많은 어려움 앞에서 사실상 무기력해질 것이다. 효과적으로 이러한 준비 상태를 사용하는 법을 배우면 삶은 보호받고 향상된다. 크라이슬러 이사회 의장이었던 리 아이아코카는 1983년 미시간 대학의 졸업식 연설에서 노련하게 분노를 다루는 사람의 장점을 극찬했다.

"1979년에 월스트리트 저널은 저에게 크라이슬러사를 '품위 있게 사라지도록' 놔두어야 한다고 충고했습니다. 저는 화가 났습니다… 하일랜드 파크에 사는 제 동료도 화가 났습니다. 미국 전역의 수많은 크라이슬러사 직원들은 모두 화가 났습니다. 우리는 화가 나서 뭉쳤습니다. 계속해서 이야기를 나누었고, 함께 일했으며, 크라이슬러의 잘못된 부분을 바로 잡았습니다."

"우리는 생산성을 두 배로 높였습니다. 공장들이 다시 활기를 되찾도록 만들었습니다. 비용을 절감했습니다. 미국에서 최고 품질의 차와 트럭을 만들기 시작했습니다. 사업을 하는 소비자들에게 최고의 가치를 제공했습니다."

"요약하자면, 우리는 상황을 뒤집었습니다. 지금 우리는 차를 팔고 있고, 많은 수익을 내고 있습니다."

"이 이야기에는 교훈이 있습니다. 미국 사람들이 화가 나면 멋진 일이 일어날 수 있습니다. 저는 분노를 잘 관리하면 오늘날 미국의 잘못된 부분들을 대부분 고칠 수 있다고 생각합니다."

따라서 분노는 힘과 준비 상태를 뜻한다. 아마도 분노할 때 가장 힘이 넘치고 가장 잘 준비된 상태가 될 것이다.

이것은 분노가 위험한 이유이기도 하다. 분노의 힘을 잘못 다루면 온갖 종류의 파괴를 일으킬 수 있다.

다른 사람들이나 자신에게 분노를 파괴적으로 사용하는 사람들은 엄청난 피해를 가져올 수 있다.

심리학적인 연구에서 발견한 중요한 점은, 당신이 학습에 의해 분노 사용법을 선택한다는 것이다. 그리고 분노를 당신의 생각과 의사결정의 통제 하에 둘 수 있다는 것이다. 당신은 그 모든 준비 상태를 어떻게 이용할지 충분히 생각하는 능력을 계발할 수 있다. 기계를 켜둔 상태로 난폭하게 달리도록 내버려두고 통제 불능의 상태에 빠지도록 하기보다는, 당신이 운전자가 되어 방향을 지시할 수 있다.

분노를 하면 몸이 그토록 경계하는 이유는 무엇일까? 그것 역시 의심의 여지없이 학습된 것이다. 당신의 몸은 어떤 특정한 환경에 의해 자극받도록 사전에 미리 예정된 채로 태어나는 것이 아니다. 아주 어렸을 적에 이 체계가 언제 작동하게 할지 배운 것이다. 이는 나이가 들어갈수록 학습을 통해 같은 양상으로 더욱 고정된다.

신체적인 상태와 가장 자주 결부되는 경험들은 일반적으로 상처, 좌절, 협박이라는 범주로 나눌 수 있다. 자신이 화났다는 것을 알게 되면, 그리고 무엇 때문에 상처받았거나 무엇 때문에 좌절했는지, 무엇이 당신을 두렵게 하는지 스스로에게 물어보면, 종종 당신의 내면에 무슨 일이 일어나는가에 대한 상당한 정보를 얻을 수 있다.

당신은 문제를 발견하는 즉시 그것을 다루는 전략을 명확하게 세울 수 있다. 그리고 분노는 어떤 전략을 선택하든 그것을 실행할 수 있는 충분한 힘을 당신에게 줄 것이다.

분노에 관해 말해야 할 것이 또 있다. 분노는 당신을 고도로 준비된 상태에 놓아두기 때문에 신체적으로 힘든 일이다. 그러므로 화가 나면 즉시 분노를 사용해서 몸의 긴장을 풀고 주변 사람들과 효과적으로 관계를 맺는 상태로 돌아와야 한다. 성경은 말한다. "해가 지도록 분을 품지 말라"(에베소서 4장 26절, New American Standard Bible).

사실 너무 오랫동안 자극 상태를 유지하면 신체에 심각한 해를 입게 될지도 모른다.

당신의 몸은 좀처럼 이런 식으로 비상체계를 유지하려고 하지는 않는다. 만약 당신이 전혀 화낼 필요가 없다면 당신의 몸은 훨씬 더 좋아질 것이다. 그러면 당신이 경험하는 전체적인 스트레스의 양도 실제로 줄어들 것이다. 그러나 일단 화가 나면, 그러한 도전 상태는 이용할 수 있는 자원들을 빠르고 효과적으로 이용할 수 있게 한다. 분노는 준비 상태이고 힘이다. 분노는 문제를 해결하고 상처를 치유하기 위해 결정적인 행동을 하도록 준비시킨다. 분노는 의식의 통제 하에 놓일 수 있으며, 그렇게 할 때 더욱 효과적으로 삶에 대처할 수 있다.

그러나 여태까지 하던 식으로 분노를 내버려두면, 계속해서 심각한 부정적 결과들이 일어날 수 있다.

따라서 우리 모두에게 분노 표현의 문제는 대단히 중요한 것이다.

23

분노는 공격과 어떻게 다른가?

서론적으로 간단하게 말하자면, 거의 모든 사람이 분노와 공격을 혼동한다. 그러나 이 두 용어를 각각 분명하게 이해하려면 서로 독립적으로 인식해야만 한다.

사람들은 종종 '분노'라는 용어에 부정적인 것이 함축되어 있다고 생각하는데, 그것은 그들이 분노와 '공격'을 잘못 관련짓고 있기 때문이다. 분노는 강력하지만 준비를 갖춘 중립적인 내적 상태를 의미한다. 하지만 어떤 사람들은 분노가 공격처럼 본질적으로 파괴적일 거라고 생각한다.

공격은 위협하려고, 또는 피해자의 안전이나 자존감에 상처를 입히려고 의도된 행동이다. 공격은 '반대하는 것', '폭행하는 것', '공격하는 것'을 의미한다. 공격은 사물이나 사람들에게 고통이나 해를 가하는 것을 목표로 하는 반응이다. 말로 하든 주먹으로 하든 무기로 하든, 그러한 행동은 사실상 늘 처벌하려는 의도를 가지고 있다. 공격은 자주 신랄함,

비열함, 조롱을 동반한다. 공격적인 사람은 종종 복수심에 불탄다.

공격은 분노를 표현하는 한 형태이다. 공격은 종종 공격자가 원하는 걸 강제로 따르게 하는 것을 목표로 한다. 때때로 공격은 그 목표를 달성하기도 한다. 반면에 그저 처벌하고 고통을 주는 것만이 유일한 목표처럼 보일 때도 있다.

사회 안에서 분노 표현의 방식으로 공격이 높은 비율을 차지하고 있고 실제로 살펴보아도 그렇다. 따라서 이러한 현실은 분노와 공격 사이에 차이점이 없다는 생각을 하도록 만드는 데 한몫을 했다. 그런 이유로 분노는 파괴적 표현이라는 방향으로 종종 왜곡되고 있다. 정말 불행한 일이다.

공격에 대해 명확하게 전반적인 평가를 내려본다면, 공격은 대부분 장기적으로 부정적 결과를 낳는다. 가끔 주어지는 단기적인 이득조차 장기적으로 보면 아무것도 아닌 경우가 많다.

때때로 내담자들은 이런저런 공격적 행동이 긍정적 결과를 낳을 수 있는지 물어본다. 예를 들어 자주 아이들을 때리고 꾸짖는 것에 대해 묻거나 배우자에게 마음을 속 시원히 다 털어놓는 것은 어떤지 묻는다.

공격이 장기적인 이득을 좀처럼 제공하지 않는다는 것은 연구를 통해 증명되어 왔다. 나는 가족 사이, 공동체 구성원 사이, 그리고 국민들 사이의 공격적인 행동은 대개 혹독한 부정적인 결과를 가져온다고 믿는다.

나는 분노를 공격적인 행동으로 표출하는 사람들에게 명확한 사고로 계속해서 엄격하게 통제하라고 충고한다. 사람들은 공격을 사용하기 전에 자신이 하려는 행동을 오랫동안 잘 생각해봐야 한다. 공격의 결과들은 대부분 긍정적이지 않기 때문에, 공격을 통해 충동적으로 분노를 표현하면 부정적인 결과가 나타날 게 뻔하다.

예를 들면 화가 났을 때 아이들을 때리는 부모를 보면, 길게 내다봤을 때 그 행동의 긍정적인 점보다 부정적 결과들이 더 크다는 것을 예상할 수 있다.

주장과 공격 사이에도 중요한 차이점이 있다는 것을 언급해야겠다. 주장은 자신의 느낌, 필요, 또는 의견을 직접적으로 표현하는 것이다. 반면에 공격은 다른 유기체에게 해로운 자극을 전달하는 특징이 있다. 알베르티Alberti와 에몬스Emmons에 의해 쓰여진 멋진 책 『당신의 온전한 권리』[5]에서는 이러한 차이를 잘 설명해주고 있다. "…공격적인 행동은 보통 다른 사람들을 희생시켜가며 최종 목표를 성취한다. 반면에 주장을 하는 행동은 사람을 다치게 하지 않는다. 뿐만 아니라 서로 양립할 수 없다고 해도 양쪽 다 옳은 것이 될 수 있다."

마지막으로, 왜 그렇게 많은 사람이 분노를 공격적으로 표현하는 것인지 궁금해할지도 모른다. 다시 한 번 말하자면 그것은 그저 학습의 문제다. 공격은 보통 실제 삶에서나 TV를 통해 모방된다. 그래서 공격적인 반응은 따라 하기가 쉽다.

이미 앞서 살펴본 바와 같이 우리는 단기간의 만족감에 의해 같은 행동을 끊임없이 강화하는 경향이 있다. 공격이라는 수단으로 분노를 표

---

5) R. E. Alberti and M. L. Emmons, Your Perfect Right (San Luis Obispo, CA: Impact, 1974).

현하는 것은 학습된 것이다.

그러나 이번의 요점은 분노와 공격은 상당히 다르다는 것이다. 분노는 준비 상태라는 신체적 상태인 반면, 공격은 분노를 표현할 수 있는 한 가지 방법일 뿐이다.

분노는 유익하고 훌륭한 잠재력이다. 공격은 웬만해서는 분노를 효과적으로 표현하는 수단이 될 수 없다.

24

분노와 공격을 혼동하는 전문가들

비교적 최근에 행한 일련의 연구는 분노와 공격이라는 주제에 대한 심리학적 고찰에 상당한 혁명을 가져왔다.

이 발견들 중 몇 가지는 기술적 문제들을 포함하고 있으며, 그것들을 설명하려면 더 많은 지면이 필요할 것이다. 내가 알기로는 앨버트 밴두러의 책 『공격성 : 사회학습이론』[6]에 수록된 몸에 대한 연구를 재고해 보는 것보다 더 좋은 방법은 없다. 그러나 새로운 견해 중 가장 의미 있다고 생각되는 것에 대해 짧게 이야기해 보고자 한다.

심리학 분야에서는 수년 동안 인간의 행동은 주로 개인의 내부에서 작동하는 본능적인 힘으로 이해될 수 있다는 생각이 지배적이었다. 공격적인 행동은 한 개인의 본성 깊은 곳에 심어진 것으로 생각되었다. 생물학적 결정론은 공격을 설명할 때 가장 중심적인 원리였다. 오늘날에도

---

6) A. Bandura, Aggression: A Social Learning Analysis (Englewood Cliffs, NJ: Prentice-Hall, 1973).

많은 사람이 계속적으로 이와 유사한 것을 믿고 있는데, 공격적인 동인은 선천적으로 타고난다는 생각이 바로 그것이다.

이러한 견해는 엄청난 비관주의를 가져왔다. 사람들이 태어나면서부터 공격적인 것이라면, 그리고 공격성이 반드시 어떤 형태로든 표출된다면, 인류의 미래는 위험에 처할 것이기 때문이다. 유전으로 대물림되는 본능적 공격성과 빠르게 급증하는 기술적 공격용 도구들의 파괴력이 결합된다면 인류의 미래에는 희망이 거의 없다. 그러나 심리학에서의 새로운 발견들을 살펴보면 분노 표현의 영역에는 인간이 통제할 수 있는 더 많은 여지가 있다.

인간이 본능적으로 공격성을 타고난다는 사상은 근거가 희박한 것이라는 데 점점 더 많은 동의가 이루어지고 있다. 실제로, 공격성이 유전되는 파괴적 동인이라는 전통적인 프로이트 학설에서 완전히 벗어나는 강력한 증거가 있다.

분노와 공격을 가능하게 하는 신경생리학적 기제가 선천적으로 타고나는 유전적 자질이라는 것은 틀림없는 사실이다. 심지어 유아들도 분노를 공격적으로 표현하는 신경생리학적 능력을 갖추고 있다.

그러나 현재의 심리학적 이론에는 두 가지 중요한 차이점이 있다. 첫 번째로, 유아가 분노 상태를 행동으로 표현하는 것은 공격이 아닌 단지 임의적인 행동이라는 것이다. 유아가 좀 더 커서 공격적으로 행동하는 것을 선택한다면, 이것은 그렇게 행동하는 것을 배웠기 때문이다. 이와 같이 생리학적인 자극을 공격적인 행동의 형태로 표현하는 것은 더 이상 선천적인 것으로 여겨지지 않으며, 다만 학습된 수많은 반응 중 하나로 여겨진다.

그러나 나는 다음과 같은 사실을 확실히 하고 싶다. 심리학적 연구들은 공격적인 행동을 유전되는 것으로 보지 않는다. 그 연구들은 분노와 공격이 우리 사회에서 너무 빈번하게 연관됨으로써 공격적인 행동을 분노 표현의 일반적인 방법으로 받아들인다는 것을 대단히 잘 인지하고 있다. 그리고 분노와 공격을 혼동하는 것은 매우 불확실한 세계 정세, 가족 내에서의 신체적·정신적 학대, 거리의 폭력, 많은 신체적 질병, 그리고 다양한 종류의 감정적 장애 때문이기도 하다.

그럼에도 우리의 생각은 극적으로 변화하고 있다. 이제는 분노 표현의 영역을 통제할 수 있다는 상당한 희망이 있다. 사회는 아이의 초기 발달단계에 개입해 아이가 분노를 표현하는 유익한 방법을 배우도록 도와야 한다. 만약 그 아이가 이미 공격적인 행동을 학습한 어른이 되었다면, 공격성을 없애고 새로운 행동과 내적인 상태를 연결할 수 있도록 도전해야 한다.

두 번째로, 카타르시스 이론은(적어도 초기의 이론은) 더 이상 유효하지 않다. 이 이론은, 화가 나고 신체가 자극되면 어떤 내적인 동인 상태가 발휘된다는 것이다. 심리학적 용어로 이러한 동인을 뭐라고 부르든, 심리학자들은 그것이 좌절감에 의해 증가되며 광범위한 카타르시스적 행동에 의해 배출된다고 생각한다. 이러한 행동들은 상상 속의 공격이나 부분적으로 공격적인 행동처럼 보이는 강력한 신체적 행동을 포함하며, 심지어는 다른 사람들이 공격하는 것을 지켜보는 행동들까지 포함한다.

그러나 레너드 베르코위츠Leonard Berkowitz와 앨버트 밴두러의 논문들에 초점이 맞춰진 현재의 심리학 이론은 근본적인 방법에서 변하고 있다. 심리학자들은 증가하거나 감소할 수 있는 내적인 공격 동인을 인정하지 않는다. 생리적인 상태는 공격이 직접적으로 문제의 원인을 해결하는 데 성공할 때만 누그러든다. 반면, 카타르시스 이론을 뒷받침하는 연구 결과는 사실상 존재하지 않는다. 실제로, 공격적인 행동은 줄어들기보다는 오히려 항상 더 많은 공격으로 이어진다는 사실이 계속해서 연구들에 의해 밝혀지고 있다. 공격을 상상하거나 다른 사람들이 공격하는 것을 지켜보는 것도 마찬가지다.

현대의 발명품들은 우리 삶의 전반에 걸쳐 극적인 암시를 내포하고 있다. 예를 들어 뉴스 프로그램이든 수사물이든 텔레비전에서 공격 장면을 보면 시청자들이 공격적으로 행동할 가능성이 증가할 수 있다.

그리고 치료 전문가의 사무실 안에서 환자로 하여금 공격적으로 분노를 표현하게 하면 공격적인 성향들을 실제로 강화시킬 수 있다. '자유토의 치료 전문가들'은 자신도 모르게 내담자의 공격적인 문제에 기여하고 있을지도 모른다. 그러나 수많은 정신건강 전문가들은 계속해서 초기 이론에 근거해 치료를 실행하고 있다.

예를 들어 지난 10년 동안 널리 알려진 문헌 중 네다섯 권의 책들에는 공격은 정당한 것이며 가끔 이상적인 분노 표현의 형태라는 견해가 있다. 이 입장에서 쓴 책으로는 시어도어 이삭 루빈의 굉장히 유명한

7) T. I. Rubin, The Anger Book (NY:Macmillan, 1969).

『분노 책』[7]과 조지 바흐와 허브 골드버그의 『창의적인 공격』[8]이 가장 대표적이다. 루빈은 사람들이 분노를 터뜨리도록 권장한다. 그는 '분노를 표현하는 것은 분노를 줄여주고 분노의 반응이 더 짧아지도록 한다'고 제시하고 있으며, 더 나아가 만일 그의 독자들이 분노를 터뜨려 누군가에게 상처를 입혔다면 '이것은 상처받은 사람의 문제지 당신의 문제가 아니다'라고 인식하도록 권장한다.

바흐와 골드버그는 사람들이 분노를 '터뜨리도록' 돕는 창조적인 기술 한 세트를 고안해냈다. 헤어컷the haircut, 인설트 클럽the insult club, 버지니아 울프the Virginia Woolf, 바타카 파이트the bataca fight 등의 단계와 그 외에도 많은 것이 있는데, 모두 굉장히 격렬하고 공격적인 태도로 다른 사람에게 분노를 전달하는 것이 특징이다.

다행스럽게도 새로운 심리학은 사람들이 분노 표현을 통제할 수 있도록 도와주는 훨씬 더 유익한 기술들을 발전시키기 시작했다. 예를 들어 많은 실험 연구는 불만이 있는 유치원 아이들에게 공격이 제외된 유익한 방법으로만 분노를 표현하도록 가르치는 것이 가능하다고 밝히고 있다.

이 연구의 핵심은 인식의 기능, 즉 분노 표현을 통제하기 위해 지성을 활용하는 인간의 능력에 대한 새로운 이해를 강조하는 것이다. 비적응성 자극maladaptive stimulus, 즉 영구적으로 굳어졌다고 생각되는 반응 양상을 깰 수 있는 인간의 능력에 대해서도 새롭게 강조하고 있다.

---

8) G.R. Bach and H. Goldberg, Creative Aggression (Garden City, NY: Doubleday, 1974)

이와 같이 심리학은 분노가 유익한 목적을 위한 중요한 장치가 될 수 있다는 것을 인정한다. 이에 따라 상담 현장에서도 큰 변화가 일어나고 있다. 이러한 변화는 이 책에서 보여주는 분노관리 원칙의 핵심이며 누구나 배울 수 있다.

25

분노는 적대감이나 증오와 어떻게 다른가?

분노는 적대감이나 증오와는 명백히 다르다.

분노는 준비 상태다. 분노는 우리를 괴롭히는 특정한 경험, 상처, 좌절감, 그리고 두려움 등에 대한 반응이 대부분이다. 여러 번 지적했듯이 분노는 그 힘이 유익한 목적이나 파괴적인 목적으로 사용될 수 있다는 의미에서 중립적인 상태다.

반면에 적대감은 태도다. 우리가 보통 적대적이라고 생각하는 사람들은 다른 사람들이나 상황들에 대해 전반적으로 부정적인 태도를 발전시켜왔다.

적대적인 사람들과 만나는 것은 가시 철망에 대고 비비는 것과 같다. 여기저기 찢어지는 것을 거의 막을 수가 없다. 그들은 사실 행동하는 것이 아니다. 단지 그런 상태일 뿐이다.

화가 난 사람은 상황을 다룰 수 있는 상당한 힘을 갖게 되며, 잘 훈련

받으면 유익한 방향으로 그 힘을 사용할 것이다. 그러나 적대적인 사람은 악의와 원한으로 가득 차 있다. 자주 격분하고 부정적인 태도를 보인다. 그들은 유익한 행동에 대해서는 준비되어 있지 않으며 관심도 없다.

적대적인 사람은 분노를 유용하게 사용하는 방법을 배우지 않았고, 그래서 그들에게는 분노를 처리하는 데 수반되는 온갖 찌꺼기가 남아있다. 그리고 삶의 상황을 바꾸는 자신의 능력에 대해 종종 비관적이다.

증오는 강화된 적대감이다. 사실 증오는 적대감과 아주 비슷하다. 증오는 다른 사람이나 단체 또는 어떤 종류의 힘에 대해 점점 더 부정적인 태도를 취하는 것을 말한다.

지금까지 우리가 논의해온 다양한 용어들을 일목요연하게 정리하면 다음과 같다.

1. 먼저 우리는 상처, 좌절감 또는 두려움을 느낀다.
2. 이러한 감정들에 대한 반응으로 생리학적인 자극이 일어난다. 이것은 상처나 좌절감 또는 위협을 가한 것을 다루기 위한 것인데, 이러한 생리학적 반응을 분노라고 한다.
3. 시간 내에 당신이 분노를 올바르게 표현하지 못하면, 즉 상처받은 사건에 적절하게 대처하지 못하면 분노의 찌꺼기가 남게 된다. 분노가 쌓이면 일반적으로 삶에 대해 부정적인 태도를 취하게 된다. 이러한 부정적이고 비관적인 태도를 적대감이라고 부른다.
4. 적대감이 강해지면 증오가 된다. 보통은 상처나 좌절감 또는 위협의 원인이 되는 사람에게 증오를 느낀다. 하지만 (그 사람과 함께 있으

면) 분노를 적절히 사용하지도 못하고 어떠한 변화도 일으키지 못한다. 만일 지금 그 사람을 증오하고 있다면, 그것을 해결하려는 희망조차 잃어버린 것일지도 모른다.

적대감과 증오는 길고도 쓸모없는 충돌의 결과일 뿐이다.

26

무엇이 나를 공격적으로 행동하게 만드는가?

분명한 것은, 어떤 외부적인 요인도 당신이 공격적인 행동을 하도록 '만들' 수 없다. 당신이 공격적이라면, 그 이유는 당신 스스로 가장 기본적인 수준에 머물기로 선택했기 때문이다.

당신은 이렇게 말할지도 모른다. "나를 공격적으로 행동하게 만드는 것이 없다니 말도 안 됩니다. 누군가가 나에게 소리를 지르거나 일부러 방해해 몹시 분노하게 만들면, 그것 때문에 화를 내는 거라고요. 만약 누군가가 내 얼굴에 침을 뱉으면, 내가 되갚아주는 행동을 하도록 만든 장본인은 그 사람이 아닌가요? 진심으로 그렇게 말하는 겁니까?"

삶에서 주기적으로 일어나는 수많은 상황 속에서 분노 표현방식이 자동적으로 나타난다는 사실에 대해서는 분명히 반박할 수 없을 것이다. 당신은 습관적인 분노 반응에 방아쇠를 당기는 외부적인 사건들 50가지를 생각해볼 수도 있을 것이다.

그러나 그 사건들과 당신의 반응은 서로 독립적이라는 것을 인식하는 것이 중요하다. 그 사건들은 스트레스를 일으키는 원인일 수 있다. 하지만 종종 당신의 해석과 자기 대화self-talk는 감정이나 감정을 표현하는 방법에 중대한 영향을 끼치기도 한다. 그리고 때때로 그러한 해석과 내부적인 과정은 비논리적 신념의 체계에서 나온다. 그 체계는 주기적인 점검과 수정이 필요하다.

당신만의 상황 해석방법은 아마도 매우 어린 나이에 어떤 일들에 대해 공격적으로 대응하는 것을 배웠던 것인지도 모른다. 그리고 당신의 반응은 자주 강화되어 왔다. 최소한 그것이 순간적이라고 하더라도 말이다.

너무나 오랫동안 그러한 사건들에 대해 공격적으로 반응하는 것을 선택해왔기 때문에 이제는 자동적으로 반응하게 된 것이다. 그리고 이런 자동적인 반응 때문에 행동이 계속 그런 식으로 일어나는데, 당신은 외부의 사건들을 탓한다.

그러나 그렇지 않다. 당신이 선택한 것이다!

사실 분노하는 방식은 당신에게 가장 많은 책임이 있다. 당신은 어떤 외부적인 상황에 대해서도 그 반응을 수정할 수 있다. 아무리 반응이 습관화되어 있다고 하더라도 말이다. 그리고 분노에 대한 반응을 선택할 수 있다는 사실을 좀 더 많이 받아들일수록, 당신은 그 수정 과정에서 더 큰 영향력을 갖게 될 것이다. 습관은 변할 수 있다. 왜냐하면 바로 당신, 어떤 누구도 아니고 외부의 어떤 사건도 아닌 바로 당신이 그 책임자이기 때문이다.

일흔 살 어머니의 얼굴에 나타나는 표정이 "그저 저를 미치게 합니다"라고 마흔다섯 살의 어떤 내담자가 치료 초기에 말한 적이 있다. 분명히 어머니가 그런 식의 표정을 짓고 있는 것으로 보일 때면 그는 불꽃이 터지듯 폭발하곤 했다. 그의 관점에서 보면, 자신의 분노 행동은 자신이 아닌 어머니에게 책임이 있었다. 어머니가 방아쇠를 당긴 것이며, 항상 그래왔던 것이다. 그의 생각에 내가 이의를 제기하자 그는 나를 이해시키려고 애썼다. 그에게는 명백하게 어머니가 자신의 공격성을 지배하는 것처럼 보였다.

그는 어머니와 겪었던 여러 경험을 말해주었다. 각각의 경험을 말하다보니 삶의 몇 해를 거슬러 올라갔다. "일곱 살쯤 됐을 때였습니다. 스키 타는 것을 배우고 싶었어요. 친한 친구들 모두 스키를 타고 있었기 때문에 스키를 너무 배우고 싶었던 거죠. 어느 날 저녁식사 자리에서 저는 가족에게 근처 슬로프에서 열린 스키 수업을 들어도 되는지 물어보았습니다. 친구 할은 그 수업을 듣고 있었는데, 그 친구와 그 가족들은 저에게 일주일에 한 번씩 45분 수업을 함께 받자고 권유했습니다. 심지어 그 강의는 무료였습니다. 그러나 가족들은 좀 더 생각해보겠다는 말조차 하지 않았습니다."

"다음날 저는 어머니에게 다시 말을 꺼냈죠. 어머니는 친구 가족들이 스키를 타기로 결정한 것은 너무 위험한 것이며, 제가 다치는 게 싫다고 말씀하셨습니다… 그래서 저는 갈 수 없었습니다. 어머니는 그때 바로 그 표정을 짓고 있었는데, 그것은 마치 제가 원했던 것이 너무 나쁜 것이라는 표정이었죠. 그것이 저를 폭발시켰고 정신을 나가버리게 했어요. 결국 문을 쾅 닫으며 집 밖으로 나와버렸습니다. 어머니는 잠시 후에 밖으로 나오셔서 아버지한테 다시 말씀드려보겠다고 하셨어요." 결국 화를 낸 것이 효과가 있었던 것이다.

안타깝게도 마흔다섯 살의 이 남자는 어머니가 얼굴에 특정한 표정을 보일 때, 여전히 통제 불가능한 상태가 되었다. 어린 소년일 때 이런 식으로 폭발하는 것을 배운 것이다. 그는 이러한 거친 반응이 어머니에게 효과가 있다는 것을 알아챘다. 그가 제어 불능의 상태가 될 때, 어머니는 알지 못하는 사이에 그를 강화시켰다. 그래서 시간이 지나면서 점점 더 자주 이렇게 행동했고, 오래지 않아 이것은 굉장히 자동적인 반응이 되었으며, 너무 자동적이어서 그는 이러한 방식을 통제할 수 없다고 생각하게 되었다. 어머니가 그를 이런 식으로 행동하게 만들었던 것이다.

치료가 진행될수록, 그는 어머니에게 가졌던 분노를 마음에서 떠나보내면 굉장한 이득을 얻을 수 있지만, 상당히 노력해야 한다는 결론에 가까워졌다. 그는 어머니에 대한 반응은 자신이 선택한 것이라고 생각하려 노력하기 시작했다. 우리가 앞서 이야기했던 야구 선수 개리 셰리던처럼 이 내담자는 신중하게 마련된 일련의 훈련에 참여했다.

그는 초기 행동반응을 곧 버렸다. 어머니가 어떤 식으로 얼굴 표정을 짓더라도 그는 자신이 어떻게 반응할지 선택할 수 있었다. 그는 자유를 느꼈다. 어머니는 그를 화나게 만들 수 없었다. 그는 스스로 책임질 줄 알게 되었으며, 어머니와의 관계를 유익하게 다루는 전략을 선택할 수 있었다.

어느 누구도 당신을 특정한 방식으로 행동하도록 만들 수 없다. 분노를 사용하는 법을 선택하는 사람은 바로 당신이라는 것을 완전히 깨닫게 되면, 이는 엄청난 차이를 가져온다.

27

왜 가끔 폭발하는 행동을 선택하는가?

이제 이런 식으로 질문해봐야 한다. 그리고 이것은 누구든지 대답을 해야만 하는 중요한 질문이다. 이 질문에 대한 이상적인 대답과 솔직한 대답 사이에는 커다란 차이점이 있다.

우리는 종종 굉장히 바보 같은 이유 때문에 폭발하는 행동을 선택하는 것 같다. 이러한 사실이 자존심을 상하게 할지도 모르겠다. 하지만 분노 사건이 있은 후에 왜 그런 식으로 분노했는지 다른 사람에게 솔직하게 말하는 것은 좋은 훈련이 될 것이다. '그녀에게 분노를 폭발하면 내 방식대로 될 거라고 생각했어요', '그것을 설명하려고 애쓰다가 인내심이 바닥났어요. 그래서 흥분해서는 발끈했어요', '매우 좌절감을 느끼고 무기력합니다. 그리고 화를 내면 더 많은 책임감을 느끼게 된다는 것을 알고 있습니다', '그가 옳다는 것을 알고 있었지만 굴복하고 싶지가 않았어요. 그래서 똬리를 틀고 있다가 공격했어요'.

이런 식으로 폭발하는 분노는 대부분 공격의 형태로 표현되며, 상당한 혼란을 가져오고 상황을 피할 수 없을 만큼 악화시킨다.

그러나 삶의 과정 속에서 분노하는 시간들이 불필요하다는 뜻은 아니다.

분노란 준비 상태라는 것을 기억하라. 그리고 중요한 일을 해야 할 때 준비가 되어야 하는 건 당연한 것이다. 어떤 외적인 사건이나 내적인 사건으로 고통을 느끼면 당신은 중요한 일을 해야 한다. 더 이상 그 고통을 느끼지 않으려면 충분히 효과적으로 그 사건에 관여해야 하는 것이다. 당신이 그 고통에서 완전히 벗어나도록 말이다.

예를 들어 배우자나 가장 친한 친구가 당신을 완전히 오해했다고 해보자. 그리고 그 오해로 친구가 거리를 두고 당신과 의미 있는 관계를 거부한다고 상상해보라. 당신은 깊은 좌절감과 상당한 상처를 경험하게 될 것이다. 그리고 당신은 분노하게 된다. 분노는 인간관계를 바로 잡을 때 굉장히 중요한 역할을 한다.

그러나 당신은 그 분노를 어떻게 표현할 것인가에 대한 선택권을 가지고 있다. 그에게 소리칠 수도 있고, 입술을 삐쭉 내밀 수도 있고, 물건을 던질 수도 있다. 아무 감정을 느끼지 않는 척할 수도 있지만, 그러면 목이 조여오고 두통이 생긴다. 아니면 가만히 앉아서 오해를 풀고 상처를 회복할 수 있는 전략을 구상할 수도 있다.

분노를 효과적으로 사용하는 방법을 안다고 가정하면, 오해받을 때는 화를 내야 한다. 친밀한 관계에 문제가 생겼고, 도움이 필요하다.

분노는 상처, 좌절감 또는 공포를 일으키는 수많은 종류의 내적, 외적 사건들에 대한 유익한 반응이다. 그러므로 분노를 적절하게 사용하는 법을 배우는 것은 굉장히 유익하다.

우리는 온갖 종류의 내적 또는 외적인 사건들로 감정이 상처받는 것을 꽤 자주 경험한다. 비판받는 것을 예로 들어보자. 평가 과정, 즉 당신의 인격에 대한 평가는 대개 비판과 비난을 근거로 이루어진다. 누군가가 당신을 평가할 때 그들은 자신들의 기준을 당신에게 들이대고 당신의 성격과 자신들의 기준을 비교한다. 만약 당신이 그 기준에 미치지 못하면 당신은 별로 관심을 받지 못할지도 모른다. 그것은 상처가 된다. 만일 당신이 그러한 평가 과정이나 판단을 인정하면 당신은 두 배로 모욕감과 상처를 느끼게 된다.

당신은 분노한다. 괜찮다. 그 상처를 극복하기 위해 분노를 사용하라. 분노를 느끼지 않는다면, 건강을 유지하는 데 필요한 반응을 보이는 능력이 거의 없는 것이다. 설마 당신은 상처받은 채로 영원히 그 자리에 앉아 있으려고만 하지는 않을 것이다. 즉각적인 목표는 그 상처를 가장 효과적으로 다루어 그것을 제거하는 것이어야 한다. 그 목표를 향해 갈 수 있는 길은 수없이 많다. 주어진 증거들을 가지고 당신의 기대와 당신의 행동 모두 또는 둘 중 한 가지에 노력을 기울여야 할 것이다.

당신이 내적으로 불만이 있을 때 화를 내는 것 역시 당연하다. 불만은 보통 목표를 향해 나아가는 것이 좌절될 때 나타나는 반응이다. 추구하는 것을 할 수 없거나 바라는 사람(예를 들면 이해받고, 인정받고, 사랑받는 사람)이 될 수 없을 때 불만을 경험한다. 분노를 지혜롭게 사용하면 그러한 불만을 감소시키거나 심지어 없앨 수도 있다. 여전히 목표에 도달할 수 없을지도 모르지만, 목표를 수정하거나 때를 기다리며 인내심을 발휘할 수도 있다. 불만을 해결할 수 있는 방법은 무수히 많다. 그러나 그 방법들은 모두 높은 수준의 집중력을 요구한다. 그리고 이 부분에서 분노는 대단히 중요하다.

분노는 종종 두려움이 생겼을 때 적절하게 반응하도록 도와주는데, 이러한 두려움은 매우 소중히 여기는 무엇이 또는 누군가가 위협받을 때 생긴다. 자존감, 신체적인 안전, 사랑하는 사람 또는 공동체가 위협받을 때 두려워하게 된다.

두려움에 대한 반응으로 우리는 분노하게 되며, 그 위협을 제거하기 위해 그것을 마주 대할 준비를 하게 되는 것이다. 두려움으로 인해 무력해지는 것을 거부해야 한다. 오히려 긍정적인 자세와 유익한 방법으로 그 두려움의 원인에 대처해야 한다.

우리는 왜 가끔 분노하는 것일까? 그것은 삶에 효과적으로 대처하기 위한 준비가 필요하기 때문이다. 분노를 표현하면 삶의 어느 부분에 가장 효과적으로 대처할 수 있을까? 그것은 상처, 좌절감, 그리고 공포와 관련된 부분들이다. 분노를 표현하는 최종 목적은 무엇일까? 그것은 내적 또는 외적인 상처, 좌절감, 위협 등의 원인을 처리해 내적인 고통을 최소화시키는 것이다.

28

누군가에게 화가 나면 그들에게 말해야 하나요?

화가 나면 대부분 어떤 형태로든 고통을 경험하게 된다. 그래서 분노를 느끼게 되면 가장 우선으로 삼는 목표는 쉽고 간단해질 수 있다. 고통의 원인을 효과적으로 처리해서 더 이상 어떤 고통도 느낄 필요가 없어지는 것이 바로 그것이다. 이 목표는 분노를 어떻게 표현할 것인가에 대해 상세한 부분까지 전략을 짤 수 있도록 이끌 것이다.

그러므로 한 사람 또는 더 많은 사람에게 화가 났다는 것을 말할 것인지 아닌지는 전적으로 고통을 어떻게 처리하기로 했는가에 달려 있다.

분명한 것은 쉽고 빠른 규칙은 없다는 것이다. 당신은 '가끔은 화가 났다는 사실을 말하고 싶어 하는' 이유를 몇 가지 생각해볼 수 있다. 그리고 '어떤 때는 왜 화가 났다는 사실을 말하지 않기로 하는지' 쉽게 상상해볼 수 있다.

어떤 심리학자들과 정신과 의사들은 '말하는 것'에 치우치는 경향이 있다. 환자가 다른 누군가에게 분노했을 때 이 전문가들은 즉시 그 감정을 나누라고 격려한다. 그들은 분노를 말로 표현하는 것은 사람을 자유롭게 하고, 고통 속에 갇힌 느낌을 덜어준다고 주장한다. 이런 전문가들은 '마음에 있는 것을 다 털어 놓으세요'라든가 '기분을 새롭게 하세요'와 같은 표현들을 사용한다.

더 나아가, 어떤 이에게 화가 나면 그 사람에게 말을 해야 적어도 당신의 반응을 알릴 수 있다고 믿는다. 그래야 그 사람이 당신과 어떻게 효과적으로 관계를 맺을 것인지 결정할 수 있는 피드백을 받게 된다는 것이다. 그리고 근본적인 문제들을 처리하는 데 그 사람을 참여시키려는 의도로 말을 하면, 최종 목표를 달성하는 데 상당한 도움을 얻을 수 있을 거라고 주장한다.

이런 사람들은 언어는 굉장한 선물이라고 주장할 것이다. 언어는 어떤 다른 기술도 할 수 없는 방법으로 가장 민감하게 감정을 소통하도록 해주며, 언어를 잘 사용하면 종종 분노를 올바르게 표현할 수 있고, 심지어 상당히 스트레스를 받는 상황에서도 그럴 수 있다고 주장한다.

위의 두 가지 논거들은 다음과 같은 사실이 전제된다면 가능하다. 당신이 화났음을 이야기할 때, 적어도 어떤 진행 과정을 마련해 놓아야 한다. 그리고 분노 표현이 완전히 실패했을 때 일어날 수 있는 다음의 세 가지 위험을 제거해야 한다. 1) 긍정적인 영향력이 전혀 없는 교묘한 방법으로 분노를 터뜨리려고 할 수 있다. 2) 자신의 몸에 분노를 퍼부을지도 모른다. 3) 스스로를 공격하고, 쌓아온 자존감을 날려버릴지도 모른다.

그러나 가끔은 화가 났음을 말하지 말아야 할 많은 이유가 있다. 많은 치료사가 분노를 말로 전달할 때 생길 수 있는 부정적인 결과들에 대해 염려한다.

한 가지 예를 들자면, 다른 사람을 위협하지 않으면서 화가 났음을 말하는 것은 매우 어렵다. 비난을 하지 않으면서 화가 났음을 다른 사람에게 알리려면 상당한 기술이 필요하다. 만일 당신의 말이 비난처럼 들리거나 심지어 비난하고 있는 것이 아니라고 해도, 상대방은 방어적으로 행동할 수 있다. 그리고 이러한 방어는 문제를 확대시키기만 할지도 모른다.

화가 났음을 당사자에게 직접적으로 말하지 않도록 결정하는 데는 다른 이유들이 있다. 누군가에게 자신이 어떤 사람들 때문에 화가 났다고 말하는 것은 매우 쉽다. 그러나 이것은 피상적인 과정으로 이끌 뿐, 실제적인 문제에 대한 대화로 이어지지는 않는다. 당신은 더 깊은 과정을 진행시켜야 한다. 그렇지 않으면 아무것도 얻지 못한다. 그러는 동안에 성장을 위해 제공되는 자원들을 헛되이 날려버리게 될지도 모른다.

화가 났다는 것을 다른 사람들에게 몹시 말하고 싶어 하는 사람들은 자주 피상적인 해결책을 찾는다. 때로 그들은 매우 어려운 과정, 심지어 고통스러운 과정을 손쉽게 해결하길 원한다. 분노를 전달하는 것으로 자신들의 임무를 완수했다고 생각하며 스스로를 속인다. 사실은 거의 시작도 하지 못했는데 말이다.

그러나 이 모든 고려 사항만큼이나 유용한 핵심적인 부분이 있다. 분노나 그것을 표현하는 방법에 책임을 지는 사람은 바로 당신이라는 사실이다. 당신은 무엇을 경험하고 있는가, 그리고 왜 경험하고 있는가에 대한 모든 면을 평가할 필요가 있다.

그러고 나서 당신이 문제를 해결하기 위한 전략을 세워 나가야 한다. 전략을 세우려면 수많은 세부 사항을 고려해야 할 것이다. 만일 화가 났음을 다른 사람에게 말하는 것이 그 전략 안에 포함된다면, 그것도 괜찮다. 그러나 그 전략에는 완전히 다른 식의 해결 방법, 즉 화가 났음을 비밀로 해야 하는 해결 방법이 포함될 수도 있다.

결국 화가 난 것은 당신이다. 그리고 분노를 유익하게 사용해야 하는 것도 당신이다. 문제를 해결하고, 고통을 끝내며, 제 자리로 돌아오고, 상황을 옳게 만드는 것은 당신이 해야 할 일이다.

누군가에게 꼭 말해야 할 필요는 없다. 그러나 특정 상황에서 좋은 이유라면 종종 그렇게 할 수도 있다.

29

화가 나는 것을 부끄럽게 느껴야만 하는가?

서른두 살의 마샤는 수줍음이 많지만 대단히 아름다운 여성이다. 마샤의 남편은 굉장히 성공한 국제 금융 중개인이다. 그들은 결혼한 지 5년이 되었다. 처음 3년은 행복했지만 시어머니가 함께 살기 시작한 후에는 그렇지 못했다. 마샤는 완강하고 지배적인 시어머니와의 관계를 다룰 능력이 전혀 없다고 느꼈다. 시어머니는 아들과 며느리에게 너무 많은 것을 요구했다.

"저는 시어머니와 함께 있으면 완전히 기가 죽어요." 마샤가 말했다. "남편은 제가 어머니를 견뎌내야 한다고 말해요. 어머니가 저를 조종할 수 없으며 제가 물러서지 않는다는 것을 알려주라고 합니다. 하지만 저는 화가 났을 때만 그렇게 할 수 있어요. 그리고 화를 내고 난 후에는 항상 제 자신이 부끄러워요. 이런 식으로 화를 내는 저는 어떤 종류의 사람인가요?"

마샤는 분노에 대해 부끄러움을 느끼는 사람들의 모습을 대표한다. 우리 문화 속에는 정오에 잠옷 차림으로 시내 중심가를 걸어가는 것처럼, 화를 내는 것이 부적절하다는 불문율이 있는 것 같다. 지금이나 역사적으로나 어떤 규칙이 널리 퍼져 있는 것처럼 분노에 대해서도 전반적인 오해가 깔려있다. 분노에 대해 충분히 생각해보지 않는다.

분노를 느끼는 것은 지극히 자연스러운 것이다. 이런 감정을 경험하는 능력은 생물학적으로 타고나는 필수적인 부분이다. 분노를 느낄 수 없다면, 불가피하게 마주치는 고통의 원인들에 대해 효과적으로 관여하지 못할 것이다. 그러므로 화가 나는 것에 대해 부끄러움을 느끼기보다는 오히려 분노를 당연한 것으로 받아들이고, 그 임무를 효과적으로 완수할 수 있도록 준비하는 편이 훨씬 더 낫다.

많은 사람이 분노와 관련해 당혹감을 느끼는 이유는 분노 표현법과 관계가 있다. 어떤 사람이 '나는 그에게 화를 냈어요'라고 말할 때, 그 실제 의미는 공격적으로 분노를 표현했다는 뜻일 수 있다. 어쩌면 그 사람은 소리를 지르고, 자존심을 상하게 하는 말들을 사용하고, 폭발적으로 행동했을지도 모른다. 그리고 비록 그런 식으로 짧게 말했다 하더라도, 그 후에는 화가 난 것에 대해서가 아니라 분노를 다루는 방식에 대해 당혹감을 느끼는 것이다. 또 다른 누군가는 빈정거리거나, 입을 삐죽거리거나, 험담하는 식으로 분노를 은밀하게 표현한 것에 대해 당혹감을 느낄지도 모른다. 여전히 궤양이나 혹은 우울증에 대해 당혹스러워 하는 사람들이 있듯이 말이다.

분노를 파괴적으로 표현한 것에 대해서 어느 정도 당혹감을 느끼는 것은 괜찮다. 특히 그 당혹감 덕분에 표현 전략을 재평가할 수 있다면 더욱 그렇다. 만일 화나게 한 상황이 사실은 그렇게 화낼 만한 이유가 없는 상황이었다면 당연히 당혹감을 느낄 수 있다. 예를 들어 당신을 위협하는 상황이 과도하게 많고 그 상황에 대해 화를 내고 있다면, 자아 개념을 잘 살펴보아야 한다. 당신은 스스로를 대단히 약하고 쉽게 상처받는 사람으로 바라보고 있을지도 모른다. 이것은 자존감이 매우 취약한 토대 위에 세워졌다는 의미일 수 있다. 만일 그렇다면 당신은 그것을 바꿀 수 있다.

혹은 지속적으로 좌절하고 분노한다면, 반드시 목표를 조정하거나 좀 더 나은 훈련을 받음으로써 목표에 도달할 수 있도록 생산력을 더욱 증가시켜야 한다.

만일 너무 자주 '공격'으로 분노를 드러내는 것이 당황스럽다면, 그리고 그 당혹감으로 인해 자신을 바라보는 관점에 대해 투쟁하고 있거나 목표 및 목적을 이루기 위해 힘겹게 씨름 중이라면, 이때의 당혹감은 매우 유익한 감정일 수도 있다.

그러므로 분노를 느끼는 능력은 매우 가치 있는 선물이다. 주기적으로 화를 낸다고 해서 당혹감을 느끼는 것은 일반적으로 옳지 않다. 그러나 분노가 파괴적으로 표현될 때 당혹감은 중요한 기능을 제공할 수도 있다. 특히 당혹감으로 인해 스스로를 되돌아보게 된다면 더욱 그렇다.

자주 분노한다는 것은 자신을 바라보는 방식에 근본적으로 숨어있는 문제가 있다는 것을 드러내는 것이다. 이때 느끼는 당혹감의 고통은 우리가 자기 체계를 강화시킬 수 있는 동기가 될 수 있다.

30

분노에 관한 당신의 생각이 옳다는 것을 어떻게 아나요?

만약 당신이 지금 내 앞에 앉아 있다면 내가 제시한 여러 가지 개념들에 대해 묻고 싶은 것이 꽤 많을 것이다. 그리고 가장 묻고 싶은 질문은 아마도 다음과 같을 것이다. "분노에 관한 당신의 생각이 옳다는 것을 어떻게 아나요?" 이 질문에 대해 내가 말하고자 하는 바는 이렇다.

나는 세 가지 이유 때문에 내가 옳다고 생각한다. 첫 번째는 나의 개인적인 경험과 관련이 있다. 이 책의 초반에서도 계속 언급했듯이, 삶에서 분노를 길들이기 위해 나는 힘든 시간을 보냈다. 풍요로운 삶을 살기 위해 분노를 중요한 조력자로 만드는 법을 배우려고 수년간 혼란과 좌절감을 겪으며 투쟁을 해야만 했다.

중학교 때 나에게 가장 영향을 준 친구가 있었는데, 그 친구는 나의 가정환경과 매우 비슷한 가정에서 자란 아이였다. 그의 아버지는 우리 마을의 저명한 지도자로서 영향력 있는 사람이었다. 내 친구는 자신의 아버지를 따라 행동했고 나는 내 친구를 따라 행동했는데, 이것은 우리 두 사람의 삶에 중요한 영향을 끼치게 되었다. 특히 우리 두 사람이 분노를 다루는 방법에 있어서 더욱 그랬다.

되돌아보면 친구와 나는 최소한 두 가지 방법으로 분노를 상당히 잘못 다루었다. 우리는 대개 은밀하고 간접적인 접근방식을 사용했지만, 또한 주기적으로 폭발하기도 했다.

은밀한 방법은 꽤 발전해갔다. 비꼬는 것이 우리의 주특기였지만, 남들이 해보지 않은 간접적인 형태의 온갖 표현을 다 해보았다. 우리는 차를 빠르고 위험하게 몰았다. 생각해낼 수 있는 온갖 종류의 장난을 다 쳤다. 우리는 그런 행동이 분노인 줄도 모르고 분노를 표현했다.

우리가 분노를 폭발시킨 것은 지나치게 간단한 방법이었지만, 감정을 다루기 위해서는 분명히 필요한 방법이었다. 그리고 불행하게도 너무 자주 그런 식으로 강화되었다. 내가 가장 힘겹게 배운 교훈 중 하나는 앞에서 내가 반복적으로 언급했던 것이다. 즉, 단기적인 이익은 그에 상응하는 장기적인 손실과 비교하면 대부분 무의미하다는 것이다. 이제 나는 이러한 영역에 대해 훈련받는 수고가 어떠한 결과를 가져오는지 알고 있다.

나는 개인적으로 경험해봤기 때문에 분노에 관한 내 생각이 옳다고 생각한다. 그러나 분노의 경험에서 가장 큰 비율을 차지하는 부분은 오랜 시간의 실제 진료경험이다. 나는 수백 명의 사람과 아주 면밀히 이야기를 나누었다.

나는 대부분의 사람이 분노에 대해 혼란스러워한다고 확신하게 되었다. 그들은 화를 내는 것이 완전히 부적절한 것이라고 생각하곤 한다. 그들은 분노와 공격에 어떤 차이점이 있는지 알지 못한다. 그들은 분노와 적대감을 거의 구별하지 못한다. 분노는 대개 그들에게 좌절감과 절망감을 일으키는 미지의 주제로 남아있다.

내가 상담했던 대부분의 사람들은 삶의 행로마다 자신을 패배시키는 분노 표현방식을 선택했다. 그들은 폭발하는 방법, 신체화 방법, 스스로 벌주는 방법 또는 은밀한 방법을 사용했다. 그들은 분노 표현은 학습되는 것이므로 고칠 수 있다는 사실을 알지 못하며 그것을 인식하도록 도움을 받아본 적이 전혀 없다. 자신들의 분노 방식이 유전적으로 타고난 것이라고 생각한다. 분노가 건설적인 삶을 사는 데 중요한 조력자가 될 수 있다는 생각은 전혀 해본 적이 없다.

나의 내담자 또는 지인 중에 분노 표현이라는 영역에서 전문적인 기술을 적용시켜보려고 노력한 사람들은 없었다. 나와 상담하며 함께 노력해보기 전까지는 말이다. 그러나 이 영역에서 능력을 계발하기 위해 신중하게 마련된 계획을 잘 따르는 사람들은 발전해나간다. 그들의 성장은 하룻밤 사이에 일어나거나 또는 쉽게 일어나는 것이 아니다. 시간이 걸리는 힘든 작업이다. 그러나 노력은 반드시 성공을 가져온다.

개인적인 경험과 임상 진료경험 외에도, 철학과 성경 그리고 현대 심리학에서 공부한 것들을 토대로 나는 분노에 대해 바르게 보고 있다고 생각한다. 3부로 넘어가기 전에 지금까지 함께 읽었던 내용을 요약해 보고자 한다.

31

고대 철학의 지혜

기록된 역사 속에서도 분노는 굉장히 흥미로운 주제였다. 나는 그리스와 로마의 철학자들이 분노를 철저하게 분석해 자신들이 발견한 것들을 매우 정성들여 상세히 설명한 것을 발견하고는 깜짝 놀랐다.

이 앞선 기록물들 속에 나타난 분노와 공격에 대한 처리법이 건강하며 활동적인 것이라는 것도 놀랍다. 그 안에 담겨있는 많은 결론은 오늘날 그 주제를 고찰할 때도 매우 의미가 있다.

솔로몬 쉼멜Solomon Schimmel[9]은 주요 철학자 3명의 문헌들을 주의 깊게 추적했다. 그들은 아리스토텔레스(Aristotle B.C. 4세기), 세네카(Seneca A.D. 1세기), 그리고 플루타르크(Plutarch A.D 2세기)이다. 쉼멜의 논문은 굉장히 많은 적절한 인용구를 포함하고 있는데, 특별히 이 주제에 관한 철학자의 공헌에 관심이 많은 사람에게는 금광과 같다.

9) S. Schimmel "그리스·로마 시대와 현대의 심리학에서 본 분노와 분노 통제 Anger and Its Control in Graeco-Roman and Modern Psychology." Psychiatry, 42, (1979): 320-337.

이 철학자들은 분노에 내재한 위험들에 관해 여러 방면으로 글을 썼다. 그들은 사람들이 분노할 때 사용 가능한 놀라운 힘을 다루는 훈련을 받지 못했음을 인식했다. 분노를 너무 쉽게 잘못 다루는 그 방식, 예를 들면 우리가 분노를 폭력적이고 처벌의 한 형태인 공격으로 나타내는 방식에 놀라듯이 그들도 그런 방식에 대해 오싹해 했다. 그들은 '분노-준비된 공격anger-fueled aggression'에 의해 초래되는 많은 파멸에 관해 극적으로 글을 썼다. 그들은 분노와 공격이 완전히 구별된다는 것을 설득력 있게 주장했다.

두 번째로, 그들은 분노를 계속적으로 통제하는 이성의 힘을 완전히 믿었다. 앞선 장에서 언급했던 인식의 중요성은 그들 전략의 핵심이었다.

세 번째, 그들의 주된 관심사는 독자들로 하여금 분노 상황에서 자제력을 향상시키도록 하는 것이었다. 그들은 분노를 표현하는 방식이 수정될 수 있다고 생각했다. 그리고 그들은 통제력을 키울 수 있는 수많은 훈련 기술을 발전시켰다. 이 기술들 중 많은 것이 현재의 기술들과 거의 같다. 몇 가지 기술들은 3부에서 다뤄질 것이다.

마지막으로, 그들은 분노를 다루려면 고도로 규칙화된 장기간의 훈련 프로그램이 필요하다고 강조했다. 그리고 그러한 프로그램에는 끊임없는 복습, 반복적인 연습 기간, '깊이 동화되는 것'이 포함되어야 한다고 제안했다. 또한 분노의 분출은 너무 급작스럽기 때문에 계속해서 방심하지 말아야 한다고 강조했다.

이 고대 철학자들은 분노의 힘과 잠재적인 파괴성에 대해 잘 숙지하고 있었다. 그들은 또한 분노 표현방식은 학습되며 의미 있는 방법들을 통해 수정될 수 있다고 확신하고 있었다.

32

분노에 대한 성경의 가르침

유대교와 기독교의 믿음은 미국인들 중 상당히 많은 사람에게 지극히 중요한 것이며, 믿음에 대한 권위의 근원은 구약과 신약 성경이다. 성경은 미국 사회 내 대단히 많은 사람에게 근본적인 영향을 끼치고 있으므로, 문화 전반에 대한 성경의 중요성은 말할 필요도 없다.

분노에 대한 성경의 가르침을 분석해보면, 성경 기자들이 인간의 분노에 관해 엄격하게 글을 쓸 때 분노와 공격을 종종 구별하지 않고 있으며, 그 외에도 근본적인 오해들이 존재한다. 그들은 대부분의 경우 분노가 공격적인 행동 요소를 포함한다고 생각했다.

유대교와 기독교 역사 속에서 분노 사건은 흔하게 등장한다. 구약에는 하나님이 분노하셨다고 수백 번 기록되어 있다. 예수님은 자신을 반대하는 사람들과 제자들에게도 주기적으로 분노하셨다. 성경의 역사 곳곳에 선지자들과 왕들과 다른 부름 받은 지도자들이 자주 화를 낸 것으로 묘사된다. 예를 들어 모세가 산에서 내려와 이스라엘 사람들이 경배

할 금송아지를 만들고 있는 것을 발견했을 때, 율법이 기록된 돌판을 던져버렸으며, "크게 노했다" 고 성경에 기록되어 있다.

그러나 성경 기자들은 분노를 극히 위험한 것으로 보았다. 성경은 인간이 분노의 감정을 표현하는 방법을 선택할 수 있다고 분명하게 가르치는 반면, 분노와 공격 사이의 불가피한 관련성을 매우 강조한다. 구약의 지혜서(욥기, 시편, 잠언, 전도서)에는 분노라는 주제가 굉장히 많이 다루어지고 있고, 신약의 거의 모든 부분에서 분노는 위험하며 악한 결과를 가져오는 것으로 평가된다. 어떤 구절들은 정당한 분노로 생각될 수 있는 것에 대해서도 '분노를 버리라' 는 경고의 표현을 하고 있다. 성경은 오랫동안 고통을 견디는 사람을 영예롭게 여기며 그러한 사람을 지혜롭다고 말하지만, 화를 내는 사람에 대해서는 어리석다고 말한다. 신약은 두 구절을 제외하고는 인간들이 분노를 너무 자주 파괴적으로 표현한다고 평가하고 있다.

의심할 것도 없이 성경은 공격성을 띠는 분노 표현에 대해서는 너무나도 강력하게 금지하고 있다. 그리고 성경은 분노가 가져올 수 있는 결과를 경고하는 데 많은 힘을 쏟는다. 너무 많은 분노가 공격적으로 표현된다는 이유 때문이다.

그러나 이러한 관점으로 분노에 대한 성경의 이해를 그대로 받아들이면, 추가되는 다음의 중요한 자료들을 무시하게 된다. 다음의 관점들을 고려해보자.

성경은 분노가 생물학적인 것과 관련이 있다는 것을 인정하고 있다. '화가 나다' 라고 번역된 말의 히브리어 본래의 단어는 문자적으로는

'콧김을 뿜다', '뜨거워지다 또는 열정적이다'라는 의미를 갖는다. 분노는 명백하게 신체적인 특성이 있으며, 그래서 모든 사람은 분노하는 능력을 가지고 있다.

두 번째, 만일 분노가 완전히 금지된다면, 이것은 유대교와 기독교 믿음을 본질적으로 특징짓는 열정을 완전히 상실하는 것을 의미할 수도 있다. 사실 성경의 중요한 추진력은 하나님의 열정인데, 이 열정은 인간이 계속해서 언약을 깨는 것에 대한 하나님의 실망과 노여움에서 발생한다. 그리고 그 열정은 결국 율법을 뛰어넘는 새로운 근간 위에 인류와의 관계를 재건하려고 '그의 독생자'를 보내는 것에서 정점을 이룬다(요한복음 3:16, Revised Standard Version). 성경의 기자들이 과연 분노를 완전히 금지해서 이러한 종류의 열정을 최종적으로 희생시키고자 했을까?

더 나아가, 분노를 인정하지 않으면 그 신랄한 특성으로 인해 괴로움으로 변하는 것을 피할 수 없다고 성경은 말한다. 마태복음 5장과 에베소서 4장에는 분노를 빨리 처리하라는 구절이 들어 있다. 에베소서에는 해가 질 때까지 분을 품지 말라고 쓰여 있으며, 마태복음에는 예배를 멈추고 가서 불화한 사람과 먼저 화해하라고 쓰여 있다.

마지막으로, 신약성경 속의 가르침은 어떤 특정한 상황에서는 훨씬 자유롭게 분노를 표현하도록 하는 방향으로 급히 기우는 듯이 보인다.

성경이 어떤 분노를 금하는지는 물어볼 필요도 없다. 성경은 분노로 인해 나타나는 공격을 금한다. 사도 바울이 "분노하되 죄를 짓지 말라"(에베소서 4장 26절, RSV)고 한 말을 자세히 분석해보면, 그의 관심은 다른 사람들에게 해로운 방법으로 분노가 표현되지 않도록 하는 데 있다. 공격은 전적으로 금지된다.

그러나 성경은 하나님이나 예수님 혹은 선지자들이 분노한 방법으로 우리가 분노할 수 있다면, 그것은 허용 가능하다고 말하는 것 같다. 소중한 가치들을 침해당해서 근본적인 상처, 좌절, 두려운 반응이 나타난 거라면, 그리고 분노를 유익한 방향으로 표현할 수 있다면, 심지어 상황의 흐름을 변화시킬 철저한 계획을 세울 수 있다면, 분노해도 좋다. 사실은 하나님 그분이 그렇게 하신다.

유대교와 기독교 전통은 분노를 잘못 다루는 문제에 대해 교정 수단을 제공한다는 사실을 이해하는 것이 중요하다. 가장 큰 적은 계속적인 좌절과 위협을 가하는 불안감인데, 이는 자신이 충분히 괜찮은 사람이라는 것을 입증하려고 필사적으로 노력할 때 느끼는 감정이다. 우리는 자신이 얼마나 충분히 괜찮은 사람인지 그 가치를 판단하는 재판관으로 다른 사람들을 세워놓았기 때문에 어쩔 수 없이 그 재판관들 앞에 위태하게 앉아 있다. 자신에 대한 재판관들의 평가에 완전히 의존하게 되고, 그 결과 자신의 진정한 모습에서 멀어지며, 재판관들의 조건에 맞추기 위해 진짜 모습은 버리게 된다. 이렇게 되면 계속해서 좌절감을 경험하고 어쩔 수 없이 계속적으로 분노를 자극한다.

성경은 이런 종류의 연약함은 필요 없는 것이라고 말한다. 인간과 맺은 하나님의 새 언약에는 사람들을 향한 무조건적이고 완전한 사랑, 하나님과 인간 사이의 완전한 화해가 담겨 있다. 그리고 사람은 어떤 행동을 통해서든 이러한 화해를 누릴 자격을 절대 얻을 수 없다.

요점은 이렇다. 이러한 구속redeemed state의 맥락에서 사람은 잘못된 이유로 분노하지 않는다. 사람들이 완전히 인정받게 된 후에 분노를 경험하면, 분노는 고통의 근원을 대면하고 삶의 어려움들을 해결할 수 있도록 적절한 동력을 공급해주며, 노력할 수 있도록 도와준다.

III

분노를 다루는 법

33

분노를 다루는 전문가가 되는 법

살아가면서 분노를 다루는 전문가가 되었다는 것을 알게 되는 것만큼 짜릿한 경험은 거의 없을 것이다. 종종 스스로의 성질머리에 인질로 잡힌 느낌이 든다면, 끓어오르는 분노를 해결하는 전문적 기술을 습득하는 것이 최고의 매력적인 목표가 될 수 있다. 또는 분노를 인식하지 못해 간접적으로 분노를 표현하고 있다면, 그래서 당신의 소중한 관계가 파괴되고 신체적인 고통을 느낀다면, 또는 부정적인 자기 개념에 시달린다면, 삶의 이러한 부분들을 완전히 통제하는 것이 얼마나 멋진 일인지 다시 떠올릴 필요도 없을 것이다.

이에 대해 확실히 해두자. 모든 사람은 분노를 길들일 수 있다. 폭발하는 사람이라면 파괴적인 습관을 깨뜨릴 수 있다. 분노를 자신의 몸에 돌리는 사람이라면 그것을 멈출 수 있다. 분노를 자기 개념을 향해 조준하는 사람이라면 그것을 바꿀 수 있다. 그리고 분노를 은밀한 방법을 사용해 간접적으로 표현하는 사람이라면 더 이상 그럴 필요가 없다. 파괴적인 오랜 행동 양상들을 제거하는 동시에 분노를 표현하는 유익한 방법들을 발전시킬 수 있다.

그러나 이에 필요한 고된 수고를 감소시킬 방법은 없다. 이 책을 읽고 갑자기 다른 사람이 되는 것을 기대해서는 안 된다. 이 책을 다 읽고 나면 어떻게 해야 다른 사람이 될 수 있는지 알게 되겠지만, 그러려면 최대한의 노력을 기울여야 할 것이다. 가장 순도 높은 노력 말이다! 나는 당신에게 어떻게 해야 하는지, 즉 무엇을 기대해야 하고, 어떻게 시작해야 하며, 시간을 어디에 써야 하는지 말해줄 것이다. 그러나 그 일을 해내야만 하고 그 훈련에 전력을 다해야 할 사람은 바로 당신이다.

곤란에 처하게 하는 분노 대신에 문제를 해결하기 위해 분노를 사용하는 법을 배울 수 있다. 아이들을 때리거나 마음을 찢는 데 사용되던 분노를 당신과 즐거운 삶 사이를 가로막고 있는 장벽을 제거하는 데 사용할 수 있다.

그렇게 하려면 균형 잡힌 노력이 필요하다. 글을 계속 읽어 나가면 그것이 무엇을 의미하는지 알게 될 것이다. 건강한 자기 개념이 필요하다. 그리고 분노의 가치에 대해 명확하게 알아야 한다. 그리고 계속해서 자신의 감정과 가까이 접촉하는 것이 가장 중요하다.

어떤 분야에 전문가가 되는 것은 쉽지 않지만, 분노를 다루는 일만큼 내면에 깊은 만족감을 주는 것은 없다. 그리고 분노를 다루는 전문가가 되는 것은 어떤 수고를 하든 그만한 가치가 있는 가장 멋진 보상이 될 것이다.

34

최종적인 해결책 : 견고한 자기 개념

모욕과 굴욕감으로 자기 개념을 침해당하는 일은 가장 강력하게 분노를 이끌어내는 이유일지도 모른다. 힘과 지위가 위협받게 될 때 자동적으로 분노하게 된다.

그러므로 분노를 다루는 전문가가 되고자 한다면 가장 먼저 해야 할 일은 자기 개념을 건강하게 만드는 것이다. 삶을 책임지는 것에 관해서라면, 그야말로 자기 체계를 견고하게 세우는 것만큼 중요한 것은 없다.

이것은 최소한 두 가지 이유 때문이다. 첫째, 자기 개념이 잘 구성되고 자존감이 높아지면 삶을 이끌어갈 풍부한 힘을 갖게 된다. 문제가 생겨서 분노하게 되면, 그 문제에 대해 충분히 생각하게 되고 그에 대항할 자원들을 사용할 준비를 할 수 있다. 둘째, 스스로를 긍정적으로 느끼기고 있기 때문에 좌절감이나 두려움을 느끼거나 상처받는 경험이 줄어들 것이다. 전처럼 긍정적이지 못한 내적 상태였다면 문제를 일으켰을 만한 경험들을 당신은 훨씬 쉽게 다루게 될 것이다.

분명한 것은 자기 개념과 분노 관리가 적어도 쌍방향적이라는 것이다. 스스로를 더욱 긍정적으로 바라볼수록 분노는 점점 더 줄어들 것이다. 그리고 분노를 효과적으로 다룰수록 스스로에 대해 더욱 좋은 감정을 느끼게 될 것이다. '적어도 쌍방향적이다'라고 말한 이유는 당신이 이것을 받아들이면 한 단계 더 나아갈 수 있기 때문이다. 스스로에 대해 좋은 감정을 갖게 될수록 분노를 더욱 효과적으로 처리할 수 있다. 사실 많은 양의 분노를 유익한 방식으로 다루는 능력은 강한 자아를 가늠하는 척도이다.

이것이 바로 자기 개념과 분노를 다루는 전문 기술을 동시에 단련할 수 있는 좋은 점이다. 한쪽 면에서의 발전은 즉시 다른 쪽을 이롭게 한다. 그리고 이 체계들을 동시에 움직여 탄력을 받기 시작하면 엄청나게 성장하게 된다. 당신이 꼭 이렇게 할 수 있기를 바란다.

자, 이제 초점은 당신의 힘과 특성, 즉 당신 자신에게 맞추어져 있다. 스스로를 대단히 긍정적인 관점으로 바라보는 것을 목표로 삼아야 한다. 자기 개념이 강해질수록 더욱 쉽게 분노를 다루게 될 것이다. 우리는 그 목표를 향해 가는 중이다.

35

중대한 원동력 : 무조건적인 사랑

자존감은 조건 없이 사랑받는가에 달려있다. 자존감에 대해 이보다 더 정확히 말할 수는 없을 것이다. 조건 없이 사랑받는 정도가 어떤가에 따라 자존감의 수준이 결정될 것이다. 무조건적인 사랑은 너무나 중요하다.

그러나 절대적인 사랑이란 도대체 무엇인가? 어디서 얻을 수 있는가? 언제 그런 사랑을 받는지 어떻게 알 수 있는가? 그리고 어떻게 작동하는가?

무조건적인 사랑은 두 가지 근본적인 특징을 갖는다. 1) 사랑받는 사람 또는 대상에 대한 객관적인 가치와 상관없이 주어진다. 2) 어떠한 연출이나 부여된 상황과 상관없이 주어진다. 이 두 가지 경우 모두, 서로 어떤 관계인지 또는 서로 어떤 이득을 얻을 수 있는지는 전혀 관계가 없다. 상대방이 비슷한 가치를 가진 무언가를 보답으로 줄 수 있는가 하는 점은 전혀 고려되지 않는다.

이러한 종류의 사랑은 당신의 삶을 바꿀 수 있고 자부심의 수준을 새로운 경지까지 끌어올릴 수 있다. 이 같은 사랑을 만나면 얼마든지 자신의 고유함을 지닌 진정한 모습이 될 수 있다. 그리고 해방감을 만끽하고 나면 자신이 발견한 스스로의 모습에 대해 좋은 감정을 느낄 수밖에 없다.

이런 사랑은 어디서 받을 수 있는가? 솔직하게 말하면 무조건적인 사랑은 만나기가 굉장히 힘들다. 왜냐하면 이 세상은 사랑을 협상하도록 가르치고 있기 때문이다. '당신이 나를 사랑한다면 나는 당신을 사랑할 거야.' '네가 친구가 되어준다면 나도 친구가 되어줄게.' '당신이 내 조건들을 채워주는 동안에는 당신을 좋아할 거야.' 이런 말들은 사업적인 조정, 즉 거래를 타협하는 것에 더 가깝다.

이런 종류의 사랑은 무엇이 잘못된 것인가? 그럴만한 자격을 갖추어야 사랑을 얻을 수 있다는 것이 잘못이다. 사랑을 얻기 위해 진정한 자아를 침해할 것이 뻔하다. '울지 않고 착한 모습을 보이면 너를 사랑할게.' '학교에서 좋은 성적을 받기만 하면 너를 사랑할게.' '당신이 강한 사람이고 우리를 풍요롭게 살게 해준다면 당신을 사랑할 거예요.' '당신이 아름다운 한, 내 욕구들을 잘 알아주는 한, 집을 깨끗하게 잘 치우는 한, 그리고 …하는 한, 당신을 사랑할 거야.' 이것이 바로 우리에게 익숙한 종류의 사랑이다.

그러나 우리는 그저 아무 이유 없이 사랑받고 싶어 한다. 필요조건들을 채웠기 때문이 아니라 자신의 유일함 때문에 사랑받기를 원한다. 그리고 너무나 중요한 그 강력한 사랑을 잃어버릴지도 모른다는 두려움

없이도 마음껏 진짜 모습을 내보이고 싶어 한다.

이러한 종류의 사랑을 어디서 찾을 수 있을까? 미국의 가장 저명한 심리학자들 중 한 사람인 칼 로저스Carl Rogers는 이 사랑을 '무조건적인 긍정적 관심' 또는 '비소유적 온화함'이라고 부르면서, 이 사랑이 성격 변화의 과정에서 필수적이라고 말한다. 그리고 유능한 정신치료 전문가는 내담자에게 이러한 종류의 사랑을 제안한다.

그리고 또 다른 사람들, 즉 부모, 친구, 연인, 아이 등에게 이런 사랑을 받는 것 같은 순간들이 있다. 문제는 아직 확인되지 않은, 이러한 사람들의 조건들을 충족시키지 않아도 여전히 사랑받을 것인가에 대해 결코 확신할 수 없다는 데 있다.

우리는 속한 그 자리에서 우리만의 방식으로 이러한 사랑을 얻고자 투쟁한다.

내가 대학원을 다닐 때 깊이 존경했던 교수님은 기독교 신앙의 중심 교리는 무조건적인 사랑을 중심으로 돌고 있다고 말씀하셨다. 교수님은 헬라어 '아가페agape'에 대해 말씀해주시면서 기독교 복음에서 사람들은 무조건적인 사랑을 받는다고 하셨다. 예수님은 새로운 진리, 즉 실제로 모든 사람이 조건 없이 사랑을 받는다는 진리가 존립할 구조를 짜넣기 위해 목숨을 주셨다고 설명하셨다. 나는 그의 말을 믿게 되었고, 그 후로 이것이 나에게 의미하는 바를 완전히 흡수하려고 노력하고 있다.

사랑을 얻으려고 애쓰는 것에서 벗어나는 것은 고통스러울 정도로 어렵다. 학교에서 배운 원리는, 우리는 수고한 것을 얻게 되며 우리가 얻어낸 그것이 곧 우리의 가치라는 것이다. 무언의 원리들을 내면화하는 것 이상으로 우리는 자신을 사랑하기 위해 스스로 어떤 원리를 만들어낸다는 것을 나는 발견했다. 만일 이 원리를 통달할 수 있다면 다른 사람을 필요로 하지 않게 될 것이다.

그러나 다른 사람의 사랑을 얻으려고 애쓰는 한 나는 다른 사람의 필요조건들을 채워야만 했다. 근본적으로 그것은 다른 사람들에게 내 삶을 운영하도록 맡기는 것이었다. 그리고 나는 점점 더 진정한 내 모습에서 멀어지고 있었다. 나는 마음껏 편안하게 나 자신이 될 수 없었다. 나의 진정한 모습이 되고 나서야 비로소 자존감을 충분히 경험할 수 있었다.

무조건적인 사랑을 받는 때가 언제인지 어떻게 알 수 있을까? 당신이 어떤 행동을 하든, 어떤 존재이든, 그 어떤 것도 당신을 향한 그 사랑에서 당신을 떼어놓을 수 없다는 것을 갑자기 깨닫게 되면, 조건 없이 사랑받고 있다는 것을 알게 된다.

그렇다면 무조건적인 사랑은 어떻게 작동할까? 내가 생각하기에 무조건적인 사랑은 로저스가 '가치의 조건화conditions of worth'라고 부르는 것에서 당신을 자유롭게 한다. 사랑을 받기 위해 더 이상 특별한 어떤 존재가 되어야 할 필요가 없다. 원하는 모습을 미리 정해두지 않고서도 자신을 발견해나가는 여행을 시작할 수 있다. 매 순간 진정한 당신 자신이 될 수 있다.

분노를 다스리는 전문가가 되려면 자신에 대한 건강하고 긍정적인 의식이 있어야 한다. 자신에 대한 건강한 의식을 가지려면, 당신으로 하여금 완전히 자유롭게 자아 발견에 참여할 수 있도록 해주는 무조건적인 사랑이 필요하다.

무조건적인 사랑을 어디서 발견하든 기꺼이 맞아들여라. 그 사랑의 방식을 받아들여라. 무조건적인 사랑을 위해 모든 것을 포기하라. 무조건적인 사랑은 삶이 당신에게 줄 수 있는 가장 최고의 경험, 즉 자신이 누구인지 개인적인 깨달음을 얻도록 해줄 것이다.

그리고 무조건적인 사랑은 무엇보다도 당신이 분노를 다루는 숙련자가 되도록 큰 힘을 발휘할 것이다.

36

나 자신에 대해 좋은 감정을 갖도록 해주는 사람들

함께 어울리는 사람들은 자존감에 많은 영향을 끼치게 된다. 따라서 스스로에 대해 좋은 감정을 가질 수 있도록 도와주는, 멋진 기술을 가진 사람들에게 둘러싸이는 게 좋다.

세상에는 당신이 어떻게 생겼는지, 얼마나 좋은 결과를 내는지, 얼마나 도덕적인지, 얼마나 재치 있는지 평가하는 재판관들로 가득 차 있다. 당신이 자신들의 조건에 맞으면 당신을 좋아한다. 그러나 그들이 생각하는 대로 옷을 입지 않거나 그들의 기준에 따라서 행동하지 못하면, 당신을 인정해주지 않는다.

그래서 당신은 항상 재판을 받는다. 어떤 때 당신은 괜찮은 사람으로 판결이 나지만 다른 때는 그렇지 않은 것으로 판결이 난다. 그러나 이런 사람들이 있는 곳에서는 당신의 자존감은 여지없이 가장 낮은 지점 근처를 오르내린다.

당신에게 선택권이 있다면, 반드시 조건을 제시하는 사람들이나 평가하는 사람들에게 거리를 두어라. 특히 그들의 의견이 당신에게 결정적인 영향을 미칠 것 같다면 더욱 거리를 두어야 한다.

당신은 조건 없이 진심으로 당신을 좋아해주는 사람들 근처에 있고 싶을 것이다. 그들은 당신이 자유롭게, 있는 모습 그대로 살 수 있도록 하는 법을 알고 있다. 그들 곁에서는 판단받지 않기 때문에 불안 수준은 극적으로 떨어진다.

미국에 '영 라이프Young Life'라는 기구가 있다. 수천 명의 영 라이프 사람들이 고등학생들과 함께 일한다. 우리 딸 세 명 모두 고등학교를 다닐 때 영 라이프 소속 사람들에게 깊은 영향을 받았다. 나는 그 이유를 안다. 그 직원들이 우리 집에 왔을 때 나는 딸들이 느끼는 감정을 동일하게 느꼈다. 그들은 나를 진심으로 좋아하는 것처럼 보였다. 그들이 나에게 어떻게 지내는지 물었을 때 나의 대답에 정말 관심이 많은 것 같았다. 그들은 이야기를 듣는 방법을 알고 있었고, 이야기를 많이 들어주었다.

이 사람들은 사람들에게 줄 수 있는 아주 단순한 선물을 가지고 있었다. 그것은 조건 없는 긍정적인 관심이었다. 그리고 나는 그 단순한 선물이 수많은 삶을 변화시키는 것을 지켜보았다.

나는 두 가지 면에서 내 삶에 소중한 기여를 하는 사람들과 어울리는 것을 좋아한다. 그들은 조건 없이 나를 인정해주는 의사소통을 하여 나를 자유롭게 한다. 그러고 나서 어떠한 조건도 없이 나에게 탁월함을 기대한다. 내가 잠재력을 완전히 발휘하도록, 가장 최고의 모습이 되도록, 가장 훌륭한 결과를 만들어내도록 격려한다. 그러나 나에 대한 그들의 애정은 내가 그러한 것들을 해내든 그렇지 않든 상관이 없는 것 같다.

당신과 관계를 맺고 있는 사람들은 대단히 소중한 가치가 있다. 그들의 가치는 그들 내면의 힘이나 건강함과 밀접한 관련이 있다. 그들은 분명히 스스로 자유롭다. 어느 시점, 어디에선가 그들은 무조건적인 건강한 사랑을 받았던 것이 틀림없다. 그리고 그 사랑에 의해 완전히 변화되어 다른 사람들을 받아들이는 데 조건을 둘 필요가 없어진 것이다.

지금 당신의 인생 가운데 있는 모든 사람, 즉 친구와 가족, 직장 동료, 직장 상사, 이웃을 떠올려보라. 그리고 신중하게 목록을 만들어보라. 아마도 내가 묘사한 무조건적 사랑을 줄 수 있는 사람들의 목록은 매우 짧을 테지만 말이다.

일단 목록이 완성되면, 지금부터 반드시 이런 사람들 근처에서 시간을 충분히 보내라. 그들을 삶의 일상적인 부분으로 만들어라. 그리고 함께 있을 때, 그들 곁에서 경험하게 되는 자유로움의 호사를 편히 누려보라.

37

자신과의 긴밀한 우정

자신과 맺은 우정만큼 자존감에 중대한 영향을 끼치는 것은 없다. 사실 내적인 우정은 스스로를 바라보는 방식에 있어 다른 모든 우정보다 중요하다.

이러한 근본적인 사실을 토대로, 당신이 매일 자기평가 센터로 보내고 있는 수천 가지의 메시지들을 곰곰이 생각해보라. 이 메시지들의 내용은 분명히 자신의 가치를 평가하는 방식을 결정하게 된다. 그리고 자신의 가치에 대해 당신이 내리는 평가는 자존감의 수준을 설정하게 된다.

만약 친구와의 관계에서 무조건적이며 긍정적인 관심을 받게 된다면 당신의 자존감에 큰 도움이 될 것이다. 그러나 다른 사람이 당신에게 영향을 끼칠 기회는 당신이 스스로에게 갖는 기회에 비해 훨씬 적다. 따라서 그 사람은 당신의 평가 센터에 훨씬 더 적은 양의 메시지만을 전송할 수 있다. 타인의 무조건적 관심의 가치는 그가 말한 것을 당신이 어느 정도 받아들이는가, 그리고 동일한 메시지를 스스로에게 어느 정도 보내는가에 달려있다.

스스로에게 계속해서 부정적인 평가를 보낸다면, 친구의 무조건적 메시지는 당신이 보내는 메시지의 양에 휩쓸려 다 떠내려갈 것이다. 당신 자신이 무조건적 메시지의 근원이 되도록 분명한 목표를 세워야 한다. 그렇게 되면 '내부'에서 나오는 힘을 즐길 수 있고, 이것은 굉장히 짧은 기간 내에 엄청난 변화를 가져올 것이다.

내가 상담하는 대부분의 사람들은 끊임없이 자기 평가를 한다. '오늘 괜찮아 보이는데.' 또는 '얼굴이 맘에 안 들어.' '머리가 너무 긴데. 뭐 제대로 되는 일이 없군.' '또 늦었어. 늘 그렇지 뭐.' '나는 별로 재밌는 사람이 아닌 것 같아.' 이런 메시지들은 머릿속에 시도 때도 없이 퍼뜩 떠오른다.

유감스럽게도 사람들은 대부분 자신의 장점보다 단점에 집중하는 데 훨씬 더 많은 시간을 쓴다. 단점이 자신들의 책임이라고 생각한다. 만일 자신에게 어떤 좋은 점이 있거나 또는 그저 괜찮은 점이 있음을 알게 되면 그것에 대해서는 더 이상 생각하지 않는다. 이제 그들은 주의할 것이 무엇인지, 무엇이 잘못 되었는지에 훨씬 더 많은 생각을 기울인다.

그러나 여기에 심각한 위험이 잠재되어 있다. 왜냐하면 이러한 사람들은 자신의 결점을 처리하는 과정에서 자신의 이미지를 머릿속에 굳혀가고 있기 때문이다. 결점을 찾다보면 반드시 '나는 부족한 사람이야'와 같은 생각으로 이어진다. 그리고 '나는 부족한 사람이야'는 '나는 별로 가치가 없어'로 이어진다. '나는 별로 가치가 없어'를 두세 번 반복하다 보면 자존감이 곤두박질친다.

그러나 방향을 바꾸면 정확히 당신이 바라는 자아상을 만들게 될 것이다. 장점을 강조하는 데 시간을 사용하는 것, 기회를 얻을 때마다 자신을 자랑스러워하는 것, 그리고 스스로에게 응원자가 되는 것과 같은 강화는 굉장한 가치가 있다.

예를 들어 분노를 유익하게 사용하고, 힘든 수고와 성공에 대해 스스로 만족하는 것을 배우는 일에 진전이 생기면, 스스로에게 매우 우호적인 행동을 할 것이다.

당신은 친밀한 친구가 필요하며, 당신 자신이 그 친밀한 친구가 되어야만 한다. 그러한 우정을 시작하는 가장 효과적인 방법은 지금 바로 앉아서 당신의 특징들을 목록으로 만드는 것이다. 생각할 수 있는 모든 항목을 그 목록에 적어 넣으라. 당신의 몸과 마음, 성격, 특징, 사회적 자기social self에 초점을 맞추라. 모든 부분을 잘 떠올려보라. 목록을 완성하면 꼼꼼하게 읽어보고 다시 떠올려보라. 이 목록을 최소한 한 주 동안 매일 한 번씩 스스로에게 큰 소리로 읽어주면 가장 큰 도움이 될 것이다.

그러나 결국 당신의 진가는 그 목록 안에 긍정적인 특성이 얼마나 많이 쓰여 있는지에 달려있지 않다. 오히려 당신의 진가는 당신은 유일한 사람이며 사랑스러운 존재로 창조되었다는 데 있다. 역사상 어느 누구도 당신을 대신할 수 없다. 그리고 성경은 당신이 창조되었다는 위대함을 근거로 대단히 가치 있는 유일한 존재라고 분명히 밝히고 있다.

당신의 가치에 대한 이 긍정적인 메시지를 머릿속에 반복적으로 전달해야 한다. 이렇게 하는 것은 긍정적인 자아상을 만들려는 당신의 노력에 결정적인 역할을 할 수 있다. 자신의 본질적인 가치를 더 깊이 이해할수록 자존감은 성장하게 될 것이다. 그리고 자기 개념에는 당신의 장점과 약점에 대한 객관적인 평가가 포함될 것이다. 물론 이러한 평가들은 자신의 가치에 대한 인식과는 전혀 무관하다. 그 가치는 오직 당신이 존재한다는 사실, 즉 신의 창조물로서 존재한다는 사실에 근거할 때 전적으로 안전하다.

38

분노와 공격에 대한 가치를 정리하기

분노를 부정적으로 표현하는 방식들은 심지어 자기 개념이 굉장히 긍정적으로 바뀐 후에도 변하지 않으려고 버틴다. 이 방식들은 무조건적 사랑만큼이나 어려운 과제다. 분노 표현방식을 바꾸려면 추가적 기술이 필요한데, 이 기술을 배우기 위해서 전념하는 사람들만이 이 기술을 발전시켜 나갈 수 있다.

분노를 잘못 다루는 사람들과 함께 노력해본 결과 내가 내린 한 가지 확실한 결론은, 전문가처럼 노련하게 분노를 다루고 싶다면 분노 사건이 발생하기 전에 훈련을 시작해야 한다는 것이다. 분노를 유익한 방향으로 표현하는 것을 배우려면, 확실하고 체계적인 사고가 가능한 환경에서 주의 깊게 준비해야 한다.

전문적 기술을 습득하고자 분노하는 순간이 올 때까지 기다리면, 무슨 일이 일어났는지 파악하기도 전에 습관화된 행동으로 분노를 표현하게 될 것이다. 분노를 폭발시키는 사람이라면 자동적으로, 심지어 생각해보지도 않고 말을 하거나 행동을 하게 될지도 모른다. 신체화하는 사람이라면, 굉장히 빠른 시간 내에 분노를 의식적으로 부인하게 되고 그 즉시 신체 변화가 나타날 것이다.

따라서 반드시 분노를 어떻게 다룰지 여러 면에서 심사숙고한 후에 화를 내야 한다. 당신은 모든 비상 상황에 대해 완벽하게 준비할 필요가 있다.

분노와 관련된 중요한 문제들에 대해 당신이 어떤 입장을 취하고 있는지 정확히 알아야 한다는 뜻이다. 더 나아가, 당신의 입장에 대해 자주 신중하게 고려해보고 강한 확신을 가져야 한다. 그러면 분노가 일어날 때 더 빨리, 그리고 더 큰 확신을 가지고 움직일 수 있는 준비를 갖추게 될 것이다. 그러면 오랜 분노표출 양상들을 제거하고 새롭고 건설적인 방법들을 세우게 된다.

우리는 모두 자신의 행복에 관심이 많다. 즐거움은 최대한 얻되 고통은 최소한으로 줄이고 싶어 한다. 소수의 사람과 친밀한 관계를 즐기고 싶어 하고, 사회에 공헌하며 인정받고 싶어 한다. 본질적으로 자신이나 친구들, 그리고 인류 전체에 장기적으로 이득이 되는 결과를 내는 방식으로 행동하기를 바란다.

그러면 분노 표현과 관련해 구체적인 중요한 질문들을 좀 해보자. 다음은 분노를 느끼기에 앞서 생각을 미리 명확하게 하고자 자신에게 제기하는 질문들이다.

질문 1 **나는 화내는 것을 즐기는가?**

물론 많은 사람이 화내는 것을 좋아한다. 그들은 다른 어떤 때보다 분노할 때 더 활기차고 힘이 넘친다고 느낀다.

이 질문에 대한 대답은 어떤 식으로든 화를 낼지 말지 결정해야 할 때 상당한 영향을 미칠 수 있다.

질문 2 **화가 나면 나는 행동을 완전히 통제하길 원하는가, 아니면 즉각적으로 행동하길 원하는가?**

다르게 말하자면, 화가 나면 먼저 무엇을 할지 결정하기를 원하는가, 아니면 서퍼가 파도를 타는 식으로 분노를 따라 움직이기를 원하는가?

질문 3 **만약 완전히 통제하는 쪽을 원한다면, 행동을 취하기 전에 일단 대기하는 일에 기꺼이 힘을 쓸 것인가?**

이 질문은 지극히 중요한 질문이다. 왜냐하면 완전한 통제는 운동선수들이 경기하기 전 날 유지해야 하는 것과 같은 긴장 상태를 요구하기 때문이다. 그러나 분노의 경우에는, 그 경기가 언제 일어날지 좀처럼 시각을 미리 알 수가 없다. 어느 때든 발생할 수 있기 때문에 항상 준비되어 있어야 한다. 그리고 계속해서 강한 의욕을 가지고 있어야 한다.

질문 4 **화가 났을 때 폭발적이고 충동적인 행동들에 대해 나는 어떻게**

생각하는가?

질문 5 사람들에게 화가 나면, 결국 그들과 어떤 식으로 결론을 내기 원하는가?

질문 6 샐쭉해 있거나 부루퉁해 있는 것에 대해 나는 어떤 생각을 가지고 있는가?

질문 7 가끔은 내가 화났다는 것을 기꺼이 모른 채로 있어도 되겠는가?

질문 8 즉각적인 만족감을 주는 행동에 내가 얼마나 매여 있는지를 알았다면, 그것이 단기적인 이익은 주지만 장기적인 손실로 이어진다는 사실에 대해 나는 어떤 태도를 취하겠는가?

질문 9 적대감과 증오에 대해 나는 어떤 태도를 취하고 있는가?

질문10 종합적으로, 내가 가장 원하는 분노 표현의 결과는 무엇인가?

분노에 관한 이 열 가지 질문들이 나에겐 중요한 인상을 준다. 만일 각각의 질문들에 대해 태도를 확실히 개선해나가고 그 태도를 마음과 몸에 깊이 새기면, 반드시 분노 표현을 잘 다루는 사람이 될 것이다.

이 전체적인 과정은 세 가지 단계를 포함한다. 1) 각각의 질문에 대해 대답을 해나가라. 2) 대답들을 기초로 스스로에게 공을 들여 편지를 써라. 3) 일주일에 한 번씩(아마도 월요일 아침마다) 계속해서 이 편지를 자신에게 큰 소리로 읽어주라. 가능하다면 그때마다 편지를 읽는 것을 들어줄 다른 사람이 옆에 있는 것이 좋다.

내 자신에게 쓴 편지가 다음 장에 나온다. 아이디어를 얻기 위해 내 편지를 사용할 수도 있다. 그러나 여러 가지 이유로 당신의 편지는 내 편지와는 완전히 다를 것이다. 예를 들어 당신은 분노를 몸에 쏟아붓는 방식으로 학습되었을지 모르지만 나는 폭발하거나 은밀한 방법으로 다루도록 학습되었다. 당신은 가끔 화났다는 것을 모른 채 있으려 할지 모르지만, 나는 항상 내가 화났다는 사실을 인식하고 싶어 한다.

어쨌든 편지에 당신의 신념과 태도가 정확하게 나타나도록 해야 하는 것이 핵심이다. 그래야만 최고의 효과가 나타날 것이다. 개인적으로 자기 평가에 새로운 기준들을 채택할 때, 그 기준들은 행동 전반에 걸쳐 중요한 자동조절 효과를 제공해줄 것이다. 그 기준들을 충분히 따르면 자기 만족을 경험하게 되고, 반대로 행동하면 자기 불만을 경험하게 될 것이다.

그 기준들을 잘 지키면 이 과정은 효과를 보게 될 것이다. 당신은 분노를 통제할 수 있다. 다시 말해 분노를 조력자로 바꿀 수 있다는 것이다. 이 훈련을 통과했을 때 나는 앞으로 일어날 결과들이 너무나 매력적인 보상이라는 것을 알게 되었다. 당신에게도 그러길 바란다.

39

나에게 쓰는 편지

사랑하는 널.

네가 분노를 다루는 전문가가 되도록 돕기 위해서 이 편지를 쓰고 있어. 네가 이러한 목표를 열망한다는 사실이 자랑스러워. 그리고 너는 분명히 그 목표에 성공적으로 도달하게 될 거야. 분노를 건설적으로 사용하는 법을 배우면 너의 인생은 달라질 거야.

우리 둘은 네가 가끔 화내는 걸 좋아한다는 사실을 알아. 생리적으로 자극을 받으면 너는 갑자기 엄청난 힘을 사용할 수 있다는 걸 알게 되지. 이러한 능력이 너의 명령에 따라 거대한 영향력을 끼칠 수 있다는 걸 너는 매우 잘 알고 있어.

그렇지만 네가 이런 분노를 표현할 때 통제 상태를 유지하는 것은 아주 중요한 일이야. 분노가 폭발해버리면 너는 좀 바보 같은 짓을 할 수 있어. 너의 오랜 습관이 이 일을 맡게 되면, 상처를 주거나 모욕을 주거나 난폭한 말들을 사용하는 오싹한 영화의 한 장면 같아져. 책상을 쾅 내리치거나 소리도 좀 지르고 말이야.

하지만 목표를 향해 움직일 때 그런 자극 상태를 이용하면 너는 강한 사람이 될 수 있어. 목표 달성은 네가 통제 상태에 얼마나 많이 머물러 있느냐에 달려 있지.

화를 내는 시간이 오기 전에 많은 훈련을 하지 않으면, 너는 당황해서 폭발해버린다는 사실도 알게 되었지. 어리석게 행동하게 되고 그렇게 되면 자신에게 실망하게 되잖아. 너는 다시는 그렇게 하지 않겠다고 맹세하지만 대부분의 경우 다음에 '다시' 분노하게 될 때까지 아무 노력도 하지 않아. 그러면 그때는 너무 늦어.

자, 이제 너는 행동을 취하기 전에 사건에서 좀 멀리 떨어지는 데 필요한 모든 에너지를 쏟기로 동의했어. 그것이 힘든 일이라는 걸 알지만, 분노 사건을 통제하기 위해서는 얼마나 단호해야 하는지 너도 알고 있잖아. 사실 분노 통제는 개인적인 성장의 개척지가 될 거야. 만약 이 영역에서 전문 기술을 발전시켜 나간다면, 너는 삶의 어느 부분이든지 완전히 통제할 수 있다고 확신해도 좋아. 그러면 시간이 얼마나 걸리든, 너는 필요한 그 모든 에너지를 사용할 수 있게 될 거야.

네가 무엇에 전념하게 될지 나는 알고 있어. 화가 났을 때 더 이상 폭발하거나 충동적으로 행동하지 않는 것이지. 분노를 다루는 데 쓸 수 있는 모든 기술을 공부하고, 분노의 초기 단계에서 분노의 방향을 바꾸는 기술을 익히는 것이 너의 목표잖아. 더는 '성급하게 행동하는 것'에 너는 가담하고 싶지 않아.

너를 화나게 하는 상대방과 발전적인 관계를 맺는 것도 너의 강한 바람 중의 하나지. 그들이 상처를 주면 그 문제를 그들과 함께 잘 살펴보고, 다음에는 그런 일이 일어날 가능성을 줄이겠다고 너는 결심했어. 결국 그들이 사건을 마무리할 때 처음보다 너를 더욱 친밀하게 느꼈으면 하잖아. 만약 그들과 끊임없이 소통할 수 있다면, 그들과 함께 너의 문제에 대해 양쪽 모두 만족할 멋진 결과를 이끌어낼 수 있어. 너는 계속해서 전념하기만 하면 돼.

그리고 부루퉁하거나 샐쭉해하는 것은 미숙하고 쓸모없는 행동이라서 더는 그렇게 하지 않겠다고 결심했어. 그런 행동은 주의를 끌어 다른 사람들을 강제로 네 방식대로 움직이게 만드는 거야. 또한 그 결과에 대해 너는 아무런 책임을 지지 않고 다른 사람들의 삶을 즐겁지 않게 만들지. 너는 이제 이 모든 것에서 손을 뗐어. 이것은 네 자신이나 너의 인간관계에 좋을 게 없으니까.

더 나아가 이제 너는 자신이 화가 났다는 걸 모르고 넘어가는 걸 원하지 않아. 네 안에 무슨 일이 일어나든 그냥 넘어가지 못하지. 네가 눈치 채지 못하면 분노를 활용할 수 없기 때문이야. 그리고 그보다 더한 이유는 분노가 너를 이용하고 말 테니까. 사실 네가 원하는 욕망은 분노를 건설적인 경험으로 만드는 것이야. 사람은 진정으로 인생을 즐기기 위해 그 길을 막고 있는 어떤 문제든 제거할 수 있도록 설계되었지. 그런데 너는 왜 화가 난 것을 모른 채 넘어가려고 하는 것일까? 그래서는 안돼!

너는 즉각적인 만족감을 얻는 것에 매여 있어. 보상을 받고 싶어 하고, 그것도 지금 당장 받고 싶어 하지. 그게 바로 가장 해로운 것이고, 그것에 대해 끊임없이 경계해야 해. 너는 어렸을 적에 분노가 즉각적인 결과를 가져다주는 것을 알고는 분노를 내보내는 것을 배우게 되었지. 결국 나중에 많은 것을 희생시켜야 하는 데도 즉각적인 결과 때문에 너는 분노 표현방법을 바꾸려고 하질 않아. 그렇지만 이제는 장기간의 이득을 선택하고 싶지 않니? 그 순간에 짜릿함이나 뭐 그런 것들을 놓치게 되면 어떻게 하냐고? 그러면 좀 어때. 특히 나중에는 즐거워하게 된다는 걸 안다면 말이야.

적대감과 증오는 완전히 파괴적인 것들이야. 적대감과 증오는 다른 사람보다 그 감정을 가지고 있는 자신을 다치게 해. 만일 분노 사건을 적절하게 다루지 못해서 '억울함의 찌꺼기'가 쌓여 그런 감정이 생긴 거라면, 너는 원한을 남기지 않기 위해 더욱 더 분노를 처리해버리려고 애를 쓰게 돼.

이런 모든 것을 생각해보면, 너는 분노가 일어날 때 표현 방식을 완전히 통제하고, 폭발적인 행동을 배제하며, 분노를 끝까지 처리해서 결국 처음보다 더 나은 곳에 도달하기를 간절히 원하고 있어. 자신이 어느 위치에 서 있는지를 아는 사람, 다른 사람들을 자유롭게 해주는 사람, 완전한 삶과 아낌없는 사랑을 방해하는 문제에 대해 명확하면서도 신중하게 대처하는 단호한 사람이 되고 싶고, 다른 사람들에게도 그런 사람으로 보이기를 원하잖아.

항상 이것을 기억하자. 다른 사람들이 어떻게 하든 너는 분노를 다루는 전문가가 될 수 있어! 이런 노력을 오래하면 할수록 점점 더 유능한 사람이 될 거야.

네가 진정으로 성공하길 바란다.

너의 친구, 닐

40

당신의 감정에 늘 가까이 접촉하라

분노가 언제 내면에 접근해오는지 감지하는 것을 배우는 건 분노 표현을 통달하는 데 있어 중요한 부분이다. 당신은 기습적인 공격에 방어할 여유가 없으므로 매 순간 전략을 충분히 생각할 수 있어야 한다. 왜냐하면 가장 긍정적인 결과를 내기 위해 어떻게 그 막대한 힘을 다룰 것인지 계속적으로 중대한 결정들을 내리는 일에 도전해야 하기 때문이다. 그리고 엄청난 압박 아래서도 쓸데없이 지체하지 않고 그런 결정을 내려야 한다.

분노를 초기 단계에 발견하는 최고의 방법은 항상 당신의 감정에 가까이 접촉하는 것이다. 특히 곤란한 문제가 생겼을 때 더욱 그렇다. 어떤 순간이든 자신의 감정을 읽는 법을 배우게 되면, 당신에 대한 수십 가지 세부사항에 자동적으로 접근하게 될 것이고 이러한 정보들은 유익한 행동 절차들을 선택하는 능력을 향상시킬 것이다.

그렇다면 어떻게 해야 계속해서 자신의 감정에 가까이 접촉할 수 있을까? 일단 먼저 도움이 될 만한 한 가지 방법을 알려주겠다. 그러고 나서 이 방법에 시간을 쏟는 동안 경험하게 될 긍정적인 결과들을 극대화하기 위해 다섯 가지 방법을 제안하겠다.

이 두 가지 제안을 연습하려면 펜과 일기장이 하나씩 필요하다. 이번 장에서는 첫 번째 연습에 대해 설명하고 다음 장에서는 두 번째 연습을 좀 더 상세하게 설명하겠다.

이 연습을 하려면 매일 당신의 감정 그대로를 적는 데 시간을 들여야 한다. 따라서 첫 번째로 해야 할 일은 이 목적에 딱 맞는 커다란 공책(또는 일기장)을 하나 사는 것이다. 이 공책은 두 가지 연습의 용도로만 사용해야 하며 그 밖에 다른 어떤 용도로도 사용해선 안 된다.

완전한 비밀을 유지하기 위해 틈틈이 일기를 쓸 수 있는 장소를 찾는다. 만일 누군가가 일기를 읽을까봐 걱정된다면, 그들에게 그것이 무엇인지 설명하고 어떤 상황에서든 읽지 않겠다는 약속을 받으라.

이 연습은 하루에 한 시간씩, 적어도 일주일에 6일, 최소한 세 달이 필요하다. 엄청난 시간처럼 들리겠지만, 당신은 지금 자신을 아는 일에 한 발 앞으로 나아가기 위해 노력하는 중이다. 그리고 이 일을 잘 해내기 위해 시간을 충분히 할애해야 한다. 하루에 30분밖에 시간을 낼 수 없다면 그 시간이라도 사용하라. 그것은 일단 중요한 출발점이 될 것이고, 이후에 시간을 늘려가면 된다.

어쨌든 이 연습을 위해 할당된 시간을 정확히 사용하라. 시간이 다 되면, 문장의 중간을 쓰고 있더라도 중단하고 다음 날까지 모든 도구를 치워두라.

이 시간에는 반드시 혼자 있어라. 가능하면 최대한 사적인 시간을 가져라.

자, 이제 그 일기장을 가지고 어떻게 사적인 시간을 사용해야 하는지 몇 가지 제안을 하겠다.

첫째, 그 날의 내용을 쓰기 전에 정확한 날짜와 시간을 기록하라. 그러면 그 날짜와 시간은 당신의 감정(기록하고 있는 그 시간에 느끼는 감정이 무엇이든)을 기록하는 것이 목표임을 확인해준다. 현재 감정들에 가까이 접근하려고 노력해야 한다. 이를 위해 화제를 자꾸 바꾸어야 한다면 그렇게 해도 괜찮다.

둘째, 가능한 한 긴장을 푼 상태를 유지하는 것이 가장 좋다. 그러나 방심하지 않는 것 또한 필수적이다. 그렇기 때문에 침대에서 글을 쓰는 것은 그렇게 좋은 생각이 아닐 수 있다. 반면에 집 근처 공원에서 글을 쓴다면 더할 나위 없이 좋을 것이다.

글을 쓰는 동안 감정에 귀 기울여보라. 당신의 몸이 말하게 하라. 당신의 감정을 그 끝까지 따라가라. 그 감정들이 당신을 어디로 데려가든 그 감정들을 추적하라.

감정이 부정적인지 또는 긍정적인지, 유쾌한 것인지 불쾌한 것인지는 중요하지 않다. 그 감정들이 어떠하든 그저 알려고 노력하기만 하면 된다.

이 연습을 하도록 사람들을 도와주면서 경험한 것은, 어떤 사람들은 꽤 자연스럽게 감정을 집어내는 경향이 있는 반면에 어떤 사람들은 이 일을 하는 데 힘겨운 시간을 보낸다는 것이다. 후자의 경우는 틀림없이

끈질기고 고집이 센 사람들이다. 사실 이 연습은 누구에게나 항상 효과가 있었다. 그저 끈기 있게 하는 것이 비결이다.

몇몇 사람이 이 일을 어려워하는 이유는 자신의 감정을 부인하도록 배웠기 때문일 것이다. 사회는 감정을 깊이 신뢰하지 못하도록 만드는 경향이 있다. 그래서 어떤 사람들은 감정을 파묻어버리게 되고 그 결과 감정에 접근하기 어려워진다.

그렇다고 해서 이러한 불신에 대한 반응으로 감정이 행동을 통제하도록 장려하는 것은 아니다. 오히려 그것과는 정반대다! 우리의 목표는 자신의 감정에 계속해서 가까이 접촉하는 것이다. 나는 이것이 분노가 다가오는 것을 '볼 수 있는' 가장 좋은 방법이라고 생각한다.

몇 페이지 되지 않지만, 나는 분노를 유익한 방향으로 흘려보내도록 생각하는 법을 알려줄 것이다. 그러나 우선은 중요한 시기인 3개월 동안 내면의 모험을 향해 떠나도록 동기부여가 되었으면 좋겠다. 그것은 놀라운 이익으로 보답할 것이다.

41

분노 일기를 계속 써라

분노 표현을 개선하기로 결심한 사람들은 자신의 행동을 추적할 방법이 필요하다. 이것이 일기와 관련된 두 번째 연습 원리이다. 분노 일기를 계속해서 쓰는 것, 즉 일기장에 분노 경험을 보고하는 것보다 더 좋은 방법을 나는 알지 못한다.

사람들이 분노를 표현하는 습관적인 방법을 어떻게 수정해야 하는지 도움을 요청하면, 나는 항상 각각의 분노 사건을 즉시 기록하기 시작해보라고 권한다. 그리고 6개월 동안 지금과 같은 보고서를 계속 쓰겠다고 스스로 약속할 것을 권한다.

이러한 계획을 제안하는 이유는 간단하다. 기본적으로 세 가지 이유에서다.

1. 세부적인 자료는 당신의 성과와, 훈련을 통해 도달하고자 하는 이상적인 목표를 비교해볼 기회를 제공한다. 만약 무언가 잘못 진행

되고 있다면 당신은 그것이 무엇인지 알고 싶어 할 것이다.

2. 분노 경험을 작성하는 것에 익숙해지면 어떤 특정한 사건을 기록하고 싶다는 기대감을 갖게 되는데, 그 기대감이 사건 자체에도 영향을 끼치기 시작한다는 것을 알게 될 것이다. 내일은 행동 방식을 변화시켜야겠다는 생각을 하지 않고 단순히 매일 밤마다 분노를 기록하는 사람은 없다.

3. 내가 제안하려는 단순한 형식을 사용해 분노를 기록하면, 당신은 이 '치료 계획'에 완전히 몰두하게 된다. 당신은 그 방법들을 반복하게 되고, 그 방법들은 당신의 일부가 된다. 분노를 느끼는 그 순간 당신은 계속해서 같은 방법으로 분노를 다루게 되므로, 밤마다 이 방법들을 반복하면 분노하는 순간의 열기와 압박 아래서도 그 방법들을 쉽게 사용할 수 있게 된다.

그러면 이 분노 일기를 어떻게 계속 작성할 수 있을까?
그저 다음의 간단한 방법들을 따르면 된다.

1. 일기장의 한 부분을 정해서 사용하거나 다른 작은 공책을 사용하라. 그리고 오직 당신만 볼 수 있게 하라.

2. 항상 즉시 사용할 수 있도록 옆에 두라.

3. 매일 같은 시간에 분노 일기를 써라. 대부분의 사람이 일기를 쓰기 가장 좋은 시간은 매일 밤 자러 갈 때다. 잠 자리에 들 때 우리는 그날 있었던 일이 잘 떠오른다. 습관이 든 사람은 일기를 쓰지 않고는 잠들지 않는다. 그 날에 분노를 느끼지 않았더라도 날짜를 쓰고 '오늘은 화내지 않았음'이라고 기록하는 것이 중요하다.

4. 단순한 형식을 따르라.
   a. 날짜
   b. 언제?
   c. 누구와?
   d. 나의 반응은 어땠는가?
   e. 나는 왜 화가 났는가?
   f. 분노를 통해 내가 이루고 싶었던 것은 무엇인가?
   g. 나는 무슨 전략을 세웠는가?
   h. 내가 세운 계획을 이행했는가?

5. 예를 들어보면
   a. 6월 15일 화요일
   b. 오후 4시 15분
   c. 일층에 있던 여자
   d. 나는 그 여자에게 몹시 화가 났다. 잠시 생각하는 동안 화가 치밀어올랐다.

e. 그 여자가 오후 8시 이후에는 어느 누구도 세탁기를 이용할 수 없다는 메모를 세탁기 위에 놓는 것을 보고 불만스러웠다.
f. 나는 그저 내가 편한 시간에 옥신각신하지 않고 옷을 세탁할 시간이 충분하기를 원했을 뿐이다.
g. 수요일에는 세탁기를 사용하기로 예약한 사람이 아무도 없고 나도 한가하다. 수요일을 이용하려면 관리인을 만나봐야겠다. 그리고 근처 세탁소에서 옷을 세탁하려면 비용이 얼마나 드는지 알아봐야겠다.
h. 아직은 못했으니 실행하고 나서 내일 밤에 기록할 것이다.

매번 분노 경험에 대해 계속해서 간략한 글을 써나가면, 자신에 대한 정보의 보고가 한 곳에 모이게 될 것이다. 이러한 정보는 결국 당신이 분노를 어떻게 다루는지를 실제로 이해할 수 있도록 해준다.

42

목표 : 분노의 첫 번째 신호 알아채기

분노가 일어날 때 초기에 감지할 수 있다면, 분노를 유익하게 사용할 아주 좋은 기회를 갖게 된다. 예측 덕분에 분노를 표현하는 습관적인 방법들에 저항할 준비를 할 수 있고, 특히 그 습관적인 방법들이 파괴적일 경우 더욱 그렇다. 또한 개인적 목표와 관계적 목표를 위해 분노를 사용할 수 있는 가장 효과적인 방법들에 대해 전략을 짤 시간을 벌게 된다.

그러므로 가장 중요한 질문은 다음과 같다. 분노를 감지하는 능력은 어떻게 키울 수 있는가? 그리고 분노의 첫 번째 신호를 어떻게 확인할 수 있는가?

내 경험상 분노가 일어나는 것을 감지하는 능력은 다음의 결과로 생긴다. 1) 계속해서 나의 감정에 가까이 접촉하는 것 2) 과거의 많은 분노 경험을 되돌아보고 위험한 방법들을 격리시키는 것 3) 내가 발견한 것들에 대해 더 많은 자신감을 갖는 법을 배우는 것.

분노의 첫 번째 신호는 분노했던 많은 사례를 신중하게 연구함으로

써 알 수 있다. 일종의 분노 해부라고 하겠다. 연구를 하다 보면 중요한 첫 번째 분노 신호가 보통 어떻게 나타나는지 발견하게 된다. 다행히도 사람들은 분노할 때마다 굉장히 일관된 방식으로 화를 낸다. 이러한 사실은 설명하고자 하는 분석 방법을 매우 유리하게 해준다.

예를 들어보자. 나의 고객 중 한 명인 루이스는 38세의 의료 기사이고 십대 아이 둘을 가진 엄마인데, 신체적 문제와 결혼 문제로 인한 고통으로 나를 찾아왔다. 특히 루이스의 남편인 제스를 만난 후에 알게 된 것은, 두 사람 모두 다른 사람들과의 복잡한 전투에 갇혀 있었다는 사실이다. 이 전투는 웬만해서는 겉으로 드러나지 않는 성질의 것이었다.

회사의 중급 간부인 제스는 직장에서 괴로울 정도로 좌절감을 느끼고 있었다. 직장의 특정한 업무에 불만이 많은 고위 경영진을 만족시킬 수 없었고, 보수도 낮았다. 나는 제스가 부끄러움을 많이 타지만 고집스럽다는 것을 발견했다.

루이스는 남편보다 훨씬 더 적극적인 사람이었고, 직장에서도 더 잘 나가고 있었지만 결혼생활에 대해서는 남편보다 불만이 더 많았다. 위궤양과 대장염으로 힘들어 하고 있었는데, 루이스가 나를 찾아온 것도 내과 전문의가 나를 만나보라고 했기 때문이다.

시간이 지나면서 드러난 사실은, 루이스는 제스에게 정기적으로 화가 났지만 솔직하게 분노를 표출해본 적이 전혀 없었다는 것이다. 루이스는 좌절감을 토로하는 대신에 자신이 좌절하고 있다는 사실을 부인하려고 했다. 어쨌거나 루이스의 몸은 분노로 인해 행동할 준비를 했고, 결국 위와 장이 고장 나기 시작했다. 루이스는 죽기 살기로 방법을 바꿔야 할 필요가 있었다.

루이스의 극심한 고통은 변화하고자 하는 강한 동기가 되었다.

처음에 나는 루이스가 자신의 내부 진행상황을 잘 지켜볼 수 있도록 감정에 가까이 다가가는 것을 돕는 노력을 했다. 그러고 나서 루이스가 일기장에 기록한 매일의 역동적인 양상들, 특히 뚜렷한 신체적 고통이 나타난 날에는 적어두었던 기록들을 즉시 면밀히 검토했다.

그 기록들을 검토한 결과, 신체적인 증상들이 나타나기 약 일주일 전에 좌절감이 상승하는 기간이 있음을 발견했다. 그리고 거의 모든 경우에 이러한 좌절감은 제스와의 의사소통이 원활하지 못한 시기들과 관련이 있었다. 제스는 이틀이나 사흘 동안 완전히 침묵하곤 했고, 아이들이나 루이스에게서 완전히 떨어져 있으려고 했다. 제스는 퇴근 후 집에 돌아와서 텔레비전을 보고 나면 서둘러 잠자리에 들곤 했다.

루이스는 분노로 끓어올랐고, 불만은 신체적 자극으로 이어졌다.

루이스의 온몸은 약해져가는 남편과의 관계에 무언가 행동을 취하도록 준비되었다. 그러나 몇 년 전에 루이스는 제스와 평화로운 관계를 유지하기로 다짐했고, 그것은 절대 제스에게 맞서지 않겠다는 뜻이었다. 루이스는 신체적으로 얼어붙기 시작했다. 다시 말하면, 행동할 준비는 되었지만 당연한 행동조차 하지 못했다는 뜻이다. 그러자 루이스의 몸은 해결되지 않는 문제들에서 오는 날카로운 공격을 견디면서 루이스를 계속 준비상태에 머물도록 만들었다.

나는 일단 이 패턴을 끊어내도록 했다. 그러자 문제 해결에 거의 다가가게 되었다. 이제 답을 얻지 못한 두 가지 질문만이 남았다. 1) 제스가 침묵할 때, 루이스가 좌절감을 해결하고 분노를 유익하게 사용하는 전략을 세울 수 있겠는가? 2) 만일 그런 전략을 세운다면, 위궤양이나 장염이 완화될 만큼 루이스의 몸이 긴장을 풀 수 있겠는가?

우리가 세운 전략은 복잡했지만 기본적으로는 이렇다. 루이스가 좌절감이 생기려고 할 때 제스에게 털어놓고, 루이스에게 일어나고 있는 일을 제스에게 공유하도록 요청하는 것이었다. 나는 루이스에게 제스의 직업적인 문제는 제스가 알아서 하도록 놔두라고 권했다. 제스가 자신의 문제를 고민할 때는, 그저 일반적인 지지를 보내주고 제스와 친밀하게 의견을 나누고 싶다는 소망만 전달하도록 했다.

제스는 의견을 나누기 시작했고, 그러자 감정적으로 얼어붙어 움직이지 않던 제스의 감각이 살아났다. 제스는 직업적으로 많은 문제가 있다는 것을 인식하고는 조언을 구했다. 나는 그에게 전문 직업상담자를 만나 오랜 직업 문제에 대한 도움을 받으라고 권했다.

15일 연속 루이스에게 부정적인 신체적 증상들이 나타나지 않게 되었을 때 긍정적인 방향으로 탄력을 받기 시작했다. 이것은 루이스가 3년에 걸쳐 기록한 노력의 결과들이다. 제스는 여전히 직업에서 좌절감을 느끼고 있지만, 직업 상담을 받은 후 석사 학위 프로그램을 시작했기 때문에 좀 더 희망에 차 있다.

그러나 가장 중요한 것은 제스가 침묵할 때 이제는 루이스가 마음껏 맞선다는 사실이다. 그리고 루이스는 분노를 초기에 알아차리는 자신의 능력에 자신감을 얻게 되었고, 유익한 방법으로 분노를 맞이하고 있다. 행동은 하지 않으면서 몸으로 행동 준비만 취하던 오랜 습관에서 벗어난 것이다. 루이스는 신체적 증상이 나타나지 않는 것에도 새로운 기록을 세웠는데, 스스로 분노를 적절하게 표현했기 때문이었다.

분노 양상을 신중히 연구해 어떻게 초기 단계에서 분노를 감지할 수 있는지, 그리고 반복적으로 습관화된 파괴적인 표현 방식을 바꾸기 위해 어떻게 프로그램을 진행시켜야 하는지, 이 짧은 사례를 통해 당신은 어느 정도 감을 잡을 수 있을 것이다.

해로운 결과를 낳는 잘못된 분노 표현방식을 몰아낸 수많은 사람의 사례들이 있다. 나는 이 성공적인 사례들에서 누구나 노력하면 분노가 일어날 때 초기에 조정할 수 있으며, 너무나 자동적이어서 멈출 수 없을 것 같았던 급작스런 폭발을 막을 수 있다는 사실을 발견했다.

43

엄청난 용량의 뇌를 가동시켜라

당신은 대단한 위업을 이룰 수 있는 엄청난 용량의 뇌를 가지고 있다. 그러나 당신이 대부분의 사람들과 같다면 뇌가 가진 잠재력의 극히 소량만을 사용하고 있을 것이다.

우리는 뇌로 감정을 인식할 수 있고, 그 감정을 어떻게 표출할 것인가를 결정하는 법을 배울 수 있다. 이성적인 힘을 잘 사용하도록 훈련하면, 직면한 문제들과 상처, 좌절감, 두려움을 일으키는 문제들을 해결하도록 자극 상태(우리가 '분노'라고 이름 붙인)를 이용하는 능력을 키울 수 있다.

분노 표현에서 마주해야 할 도전 사항은 이성적 능력을 두 가지 중요한 면에 효과적으로 사용하는 법을 배우는 것이다.

첫째, 당신은 단단히 고정된 행동이 연달아 발생하는 것을 해체시켜야 한다. 고정된 행동이 연달아 발생하는 것은 분명히 쓸모없고 심지어 파괴적인 결과로 나타나지만, 당신을 너무나 꽉 움켜쥐고 있기에 포기하는 것을 어렵게 만든다.

그 행동은 매우 어렸을 때부터 공들여 학습된 결과다. 누군가가 본이 되었고, 당신은 그것을 따라하면서 순간적으로 긍정적 결과를 경험했다. 그리고 이 즉각적인 만족감은 기대감을 만들어냈다. 이제 이 행동의 결과가 장기적으로 부정적이라는 것을 알고 있음에도, 당신은 단기적 만족감을 기대하는 갈고리에 걸려 있다. 당신은 반드시 이런 부정적이고 습관적인 분노 표현을 제거해야 하며, 그러기 위해서는 이성적인 능력을 사용하는 데 집중해야 한다.

둘째, 분노를 표현하는 이전 방식 대신에 좀 더 유익하고 새로운 행동 방식을 취해야 한다. 그리고 이러한 새로운 방식들을 잘 익혀서 이전의 방식들처럼 자동화되도록 해야 한다.

안타깝게도 긍정적으로 분노에 접근하는 데 모범이 되는 사람은 너무나 적다. 새로운 행동 방식을 강화시키려면 긴 시간이 필요할 것이다.

당신이 스스로에게 본이 되고 잘한 행동에 대해 스스로 상을 주어 행동 방식을 강화시키는 법을 배워야 한다.

여기서 바로 이성의 힘이 매우 중요해진다. 이성적인 능력을 사용해 이 두 가지 필요한 면을 모두 공급해야 한다. 하지만 이것은 매우 높은 수준의 노력을 요구한다.

내가 상담했던 대부분의 사람들은 높은 수준의 이성적인 힘을 계발하는데 시간을 써본 적이 거의 없다. 그들은 이런 식으로 인생을 통제하도록 격려받은 적이 없다. 그래서 어렸을 때 표현했던 방법이 무엇이든 여전히 그 방법대로 감정을 표현한다. 폭발하거나, 신체화하거나, 스스로를 벌주거나, 은밀하게 분노를 표현하도록 학습되었다면 그들은 여전히 그렇게 한다. 그들은 일련의 행동을 조정하거나 분노를 표현하는 방식을 통제하기 위해 이성적인 힘을 사용하도록 격려받은 적이 전혀 없다.

이성적인 힘을 사용하기 위해 당신이 엄청난 용량의 뇌를 가동시켰으면 한다. 도발적인 대화에 말려들어 분노의 첫 번째 신호를 감지하게 되면, 반드시 과제에만 초점을 맞추는 상태를 유지해야 한다. 당신에게는 해내야 할 큰 과제가 있다.

다음 장부터는 사고의 중심을 강하고 빈틈없이 만드는 조절 프로그램에 당신이 참여할 수 있도록 도울 것이다.

무엇보다도 감정 표현법을 통제하는 것에 대해 생각하기 시작하라. 모든 힘을 마음껏 사용해 옛 습관을 중지하고 해체하는 것을 느껴보라. 그러면 당신은 세상을 효과적으로 대처하는 데 큰 도움을 줄 새로운 행동 양식을 만들어내기 시작할 것이다.

사고하는 것에 대해 생각하기 시작하면 마음에 시동을 걸게 되는데, 이것은 분노 표현을 완전히 통제하는 데 필수적인 단계다.

44

'분노'라고 쓰여 있다면, 어떤 반응이든 지연시켜라

자기 개념을 개선하기 위한 훈련을 완수하려고 시간을 보내고 있다면, '자기'라는 영역이 가장 기본적이라는 사실에 동의했으면 한다. 그리고 분노하는 '의도'를 알아내는 일을 완수하고, 그 의도에 대한 편지를 자신에게 썼으면 한다. 분노 일기를 계속 쓰고 있다면 당신은 정말 앞으로 나아가고 있는 중이다! 일기는 당신의 마음을 가동시키고 분노의 첫 번째 신호를 알아차리는 법을 배우도록 해준다.

제안이 많긴 하지만 이를 시행하기 위해 시간을 내왔다면 자신을 격려해주라. 이것은 자신의 성장을 위해 전념했다는 의미이며 매우 긍정적인 신호다.

프로그램을 아직 다 시행하지 않았다면 가능한 한 빨리 할 수 있게 되기를 바란다. 나는 각각의 훈련이 당신의 퍼즐 한 조각을 더 맞출 것이라는 깊은 확신이 있기에 더욱 강하게 격려하고 싶다. 그 퍼즐을 다 완성하면 깊은 성취감을 경험하게 될 것이며, 성취감은 그 자체만으로도 큰 기쁨을 가져온다.

이러한 과정 가운데 있다면 다음 단계는 간단해 보일 것이다. 그러나 압박을 받거나 옛 습관들이 나오려고 안간힘을 쓰는 상황에서는 그렇게 간단하지가 않다.

내부에서 분노가 다가오는 느낌이 감지되면 어떠한 행동 반응이든 지연시키라.

그때 당신이 찾아야 할 것은 시간이다. 목표는 분노에 대한 습관화된 반응을 물리치는 것, 즉 완전히 벗어나는 것이다. 그렇게 하려면 시간이 필요하다. 그리고 그 위기를 효과적으로 처리할 수 있는 방식으로 분노를 관리하고 싶을 것이다. 올바른 전략을 떠올리려면 시간이 걸린다.

그러므로 분노가 다가오는 것을 감지했을 때 가장 처음 해야 할 일은 시간을 버는 것이다.

이것은 화가 난 상황에서 정신을 바짝 차리기 위해 오래전부터 내려오는 해결법이다. 경험자들은 10까지 세거나 입술을 깨물어보라고 조언해준다. 다음 장에서는 행동을 지연시키는 법에 대한 다른 몇 가지 의견을 이야기하겠다. 그러나 가장 필수적인 것은 전에 결과가 좋지 않았던 행동들을 의식적으로 거부해야 한다는 것이다. 만일 폭발하곤 했다면, 그렇게 하지 마라. 행동할 준비가 되었지만 행동하지 않은 채 몸을 끊임없는 자극 상태에 그냥 두었다면, 그렇게 하지 마라. 스스로에게 욕을 하고 너무 많은 것을 요구하곤 했다면, 그렇게 하지 마라. 분노를 은밀하게 드러내곤 했다면, 그렇게 하지 마라.

자신의 감정에 가까이 접촉하고 있고 내부 수치눈금이 '분노가 코앞에 다가와 있음'을 가리킨다면, 어떤 행동으로든 반응하지 말고 미루어 두라. 당신은 통제해야 하며, 판단할 시간이 좀 필요하다. 분노를 표현하는 새로운 방식은 아직 자동적으로 일어나지 않지만 옛 방식은 자동적이다. 당신은 중대한 교차지점에 서 있다. 만일 시간을 충분히 벌 수 있다면, 분노를 변화시켜 가장 높은 목표를 이루는 데 도움이 되도록 하라.

45

대체 프로그램을 작동하게 할 핵심 단어를 선택하라

35세의 대형 항공사 조종사인 로저 제서는 로터리 클럽에서 내가 분노에 대해 강의한 것을 들은 후 나에게 전화를 걸어 상담을 예약했다.

"저는 화가 나기 시작할 때를 압니다." 로저가 말했다. "대부분의 경우 사건이 일어나기에 앞서 오래전부터 분노가 커지고 있다는 것을 느낄 수 있어요. 그렇지만 아무것도 할 수가 없어요. 폭발하도록 완벽하게 설정되어 있어서 마치 폭주하는 기차가 역을 지나쳐버리는 느낌입니다. 한 시간에 100마일을 가고, 어떤 신호에도 영향을 받지 않는 기차 말입니다."

나는 전에도 이 같은 이야기를 들은 적이 있다. 오래된 분노 표현 습관들이 수년간에 걸쳐 기차의 증기력을 너무 강화시켰기 때문에 이것을 늦추려는 생각은 희망이 없는 것처럼 보인다. 그러나 누구든지 규칙적인 연습과 엄격한 단련을 하면 이 문제를 해결해낼 수 있다고 확신한다.

"이렇게 생각해보면 어떨까요?" 내가 로저에게 제안했다. "그 기차가 다가오는 것을 느끼면, 기차가 선로를 따라 1마일 움직였을 때 옆에 있는 선로로 이동하도록 레버를 당기세요. 그리고 기차가 결국 멈출 때까지 계속 속도를 늦춰보세요. 기차가 멈추면, 다른 기차가 움직일 수 있도록 준비를 하는 겁니다."

곁길로 가는 레버를 당긴다는 말에 상응하는 핵심 단어를 찾아야만 했던 나의 경험을 로저에게 들려주었다. 사용 가능한 단어들이 수천 가지가 있지만, 나에게 딱 들어맞는다고 생각한 단어는 '생각하라'였다. 폭주하는 분노 기차가 다가오는 것을 보면, 즉시 내 자신에게 이렇게 말한다. '생각하라.'

내가 가장 먼저 해야겠다고 생각한 것은 오래된 일련의 습관들을 멈추는 것이다. 로저의 경우에는 폭발하는 습관에 해당한다. 나는 그저 그 행동이 원하는 방식으로 나를 덮치도록 두지 않는다. 그러고 나면 나는 예행연습으로 넘어가는데, 이것에 대해서는 다음에 설명할 것이다.

로저가 물었다. "그게 저에게 효과가 있을까요?"

"물론이죠." 나는 로저에게 연습을 좀 해보라고 권유했다.

로저는 지난달 또는 삶속에서 분노로 폭발했던 서너 가지 사건을 말해주었다. 한 번은 아내와 별거 중에 주말마다 딸을 데려가겠다는 그의 의견을 아내가 거절하는 바람에 분노했다. 또 한 번은 부조종사에게 폭발했는데, 부조종사는 비행 내내 비협조적이었고 여승무원들에게 계속해서 농담을 했다. 세 번째 사건은 "너무 빨리 달려서 내 삶을 위험에 처하게 했던" 또 다른 자동차 운전자 때문이었다. 이러한 사례들은 모두 통제를 벗어나 있었고, 자신의 행동 때문에 로저는 대단히 곤혹스러워 했다. 어떤 경우에는 그의 행동 때문에 매우 중대한 법적 문제까지 생겼다.

우리는 각각의 사건마다 로저가 분노를 감지했던 가장 처음 지점으로 되돌아가 보았다. 로저는 그 지점에서 '생각해!'라고 실제로 큰 소리로 말하는 연습을 했다.

로저에게 '생각해'라는 의미는 '폭주하는 기차를 옆길로 빠지게 하라. 그러고 나서 그 선로 위에는 분노를 효과적이고 유익한 방법으로 실어나를 다른 기차를 놓아둘 준비를 하라'는 말이었다.

생각하라! 긴급한 상황을 위한 핵심 단어는 대체 프로그램이 긍정적인 결과를 낼 가능성을 높일 수 있어야 한다.

46

건설적인 대안을 세우라

폭주하는 분노가 선로에서 1마일쯤 움직였을 때, 레버를 당겨 기차를 옆길로 빠지게 했다. 그리고 기차의 속도를 늦추어 멈추도록 했다.

그러나 이것은 분노를 해소했다는 의미는 아니다. 분노를 파괴적으로 표현하는 방식을 제어했고, 그렇게 함으로써 굉장히 중요한 어떤 것을 성취했는 의미다.

그러나 분노를 일으킨 것이 무엇이든 그것은 여전히 존재하고 있을 것이다. 그리고 분노도 여전히 남아있다. 그래서 이제 도전해야 할 것은 상처와 좌절감 또는 공포를 일으키는 원인을 완전히 처리하기 위해 분노 표현방법을 개선하는 것이다.

이 지점에서 힘겨운 수고에 대한 엄청난 보상이 있다는 것을 인식하게 될 것이며, 분노를 유익한 힘으로 변화시켜 문제를 해결하는 데 그 보상을 이용할 수 있다. 매우 중요한 지점이다. 서두르지 말고 천천히 하라.

당신은 통제를 하고 있다. 이것을 기억하라. 이 순간에 신중히 생각함으로써 분노를 표현하는 방법을 개선할 수 있고, 분노를 통해 달성하고자 했던 바를 성취할 수 있다. 만일 이 과정의 어느 지점에서든 통제력을 잃고 있다는 느낌이 들면 한 가지 행동, 즉 '생각하라'를 떠올려라.

나는 경험을 통해 세 단계의 사고 과정을 만들었다(각각의 단계들은 다음 장에서 자세히 설명할 것이다).

1. 나는 왜 화가 났는가? 상처, 좌절감, 두려움에 초점을 맞추라.
2. 이 상황에서 나는 무엇을 원하는가?
3. 원하는 것을 어떻게 얻을 수 있을까? 즉, 효과적인 전략은 무엇인가?

분노를 표현하는 대안적인 방법을 찾는 일은 절대 쉽지 않다. 그러나 바로 이 지점에서 당신은 자신의 전문성을 증명하게 될 것이다. 이제껏 해온 모든 노력은 오직 이 순간을 위한 것이다.

47

나는 왜 화가 났는가?
상처, 좌절, 두려움에 집중하라

이 글을 읽으면서 당신은 이렇게 말할지 모른다. "분노와 씨름 중인데 생각하라고 하다니! 게다가 내가 왜 화가 났는지에 대해 생각하라니! 나는 누군가에게 소리 지를 준비가 되어 있어. 아주 혼쭐을 내줄 거라고. 그러고 나서 상처, 좌절감, 그리고 두려움에 초점을 맞출 거야."

그러나 당신은 할 수 있다. 사실 지금 당장은 불가능해 보이겠지만, 오늘 오후에라도 분노에 대해 충분히 생각해 볼 수 있다!

기억하라. 화가 나면 가장 먼저 해야 할 일은 폭주하는 기차, 다시 말하면 당신의 습관적이고 파괴적인 반응을 멈추는 것이다. 그렇게 하면 시간을 좀 벌 수 있다. 두 번째로 해야 할 일은 분노를 표현하는 대안적인 방법, 즉 분노를 일으키는 문제를 다루도록 다른 방법을 만들어내는 것이다.

이 과정에서 더욱 명확하게 생각할수록 상황을 다룰 효과적인 방법을 떠올릴 가능성은 더욱 높아진다. 이러한 압박의 상황에서도 가끔은 생각이 아주 명확할 때가 있겠지만, 만일 당신의 분노 경험이 내 경험과 비슷하다면 어떤 경우에는 안개가 자욱하듯 뿌옇기만 할 것이다. 가장 적절한 생각을 할 수 있는 비결은 가능한 한 편안하게 긴장을 풀고 불안의 수준을 낮추는 것이다.

생각해야 할 질문 중 가장 기본적인 질문은 이것이다. '나는 왜 화가 났는가?'

그 이유야 수백만 가지가 있겠지만, 그 모든 것 또는 그 중 하나가 당신을 화나게 하는 원인일지도 모른다. 의미 있는 영역으로 좁혀서 질문하지 않는 한, 특정한 이유를 골라내기란 불가능하다.

당신은 범위를 좁힐 수 있다. 십중팔구 상처를 받았거나, 좌절감을 느꼈거나, 위협받았기 때문에 화를 냈을 것이다.

이러한 추정을 시작하면, 이 세 가지 중 하나가 결정적인 원인임을 알게 될 확률이 높다. 나는 화가 나면 항상 스스로에게 물어본다. 무엇 때문에 나는 상처받고, 좌절하고, 두려움을 느끼는가? 이 세 가지 감정들 중 어떤 것이라도 느끼면, 이러한 부정적인 감정을 일으킨 원인에 대해 반응할 준비를 하려고 거의 자동적으로 화가 나게 된다. 이때 나의 목표는 이러한 불쾌한 감정들을 넘어서는 것이다.

당신이 왜 화가 났는지를 알아낸 후에는 다음 질문에 대한 준비를 해야 한다. 이 상황에서 나는 무엇을 원하는가? '왜'라는 질문에 대해 답을 했다면 '무엇'이라는 질문에 집중할 수 있게 된다. 두 가지 간략한 예를 들어 보겠다.

32세의 기혼자인 마사는 파이 두 개를 구워 하나는 혼자 살고 계신 어머니에게 가져다 드리기로 했다. 몇 분 후 어머니가 계신 곳에 도착했는데, 어머니는 텔레비전을 끄지 않은 채 마사가 너무 피곤해 보인다고 말했다.

마사는 자신이 점점 화가 나기 시작한다는 것을 느낄 수 있었다. 마사는 습관적인 반응을 옆길로 내보냈다. 원래의 습관대로라면 어머니에게 그만 가봐야겠다고 갑작스럽게 말하고선 바로 집으로 돌아와버렸을 것이다. 만약 그렇게 했다면 오후 내내 부글대며 두통을 앓을 가능성이 컸다.

부적절한 반응을 옆길로 내보내면서 마사는 생각하기 시작했다. 자신이 왜 화가 났는지, 왜 상처받고 좌절하고 두려운지 스스로 물어보았다. 갑자기 세 가지 요인이 떠올랐다. 마사는 어머니와 대화하고 싶었지만 텔레비전의 요란한 소리에 그 욕구가 좌절되었다. 마사는 자신이 구운 파이가 마음에 들었고 또 어머니에게 가져다 드릴 생각을 한 것이 자랑스러웠다. 어머니가 그것을 알고 기뻐하며 두 가지 모두에 대해 칭찬해 주기를 원했다. 그러나 마사는 어머니가 반응을 보이지 않자 상처받은 것이다.

결정적으로, 마사는 어머니가 자신에게 얼마나 피곤해 보이는지를 지적한 것에 상처를 받았다. 외모에 대해 비난을 했다고 생각했기 때문이다.

이러한 정보들을 이용해 마사는 이제 두 번째 질문에 답할 준비가 되어 있는데, 그것은 다음 장에서 살펴볼 것이다.

대학을 갓 졸업하고 고향으로 돌아온 22세의 빌은 친구 잭과 함께 점심을 먹고 있었다. 잭은 샐리가 빌의 또 다른 남자친구와 만나고 있다는 이야기를 불쑥 꺼냈는데, 샐리는 빌이 지난 두 해의 여름 동안, 그리고 몇 번의 짧은 방학 기간에 만났던 여자였다. 빌은 이 말을 듣고는, 더 이상 음식을 먹거나 대화하는 것에 집중할 수 없었다. 그리고 그곳에 오래 앉아 있을수록 더 화가 나기 시작했다.

그 다음 몇 시간 내내 빌은 자신의 가장 자연스러운 반응을 가까스로 막아냈다. 자연스러운 반응이란 샐리를 잊고 그저 다른 누군가와 데이트를 시작하는 것, 그리고 샐리와 만나고 있는 그 친구에게 전화를 걸어 신의 없는 행동에 대해 혼쭐을 내주는 것이다.

빌은 자신이 왜 화가 났는지, 왜 상처받고 좌절했으며 두려움을 느끼는지 스스로에게 물어보았다. 우선 빌은 샐리가 다른 남자에게 더 관심이 있을지도 모른다는 사실에 두려웠고, 샐리를 잃게 될까봐 겁이 났다. 둘째, 비록 겉으로 드러내지는 않았지만 샐리와 빌 모두 자신들의 관계를 특별한 것으로 여기고 있다고 생각하고 있었는데, 샐리가 다른 누군가와 만나고 있다는 사실을 알게 되자 상처를 받았다. 셋째, 빌이 샐리와 만나고 있다는 사실을 분명히 알고 있는 친구가 이기적으로 그 관계에 끼어든 것에 상처를 받았다.

이제 빌은 두 번째 질문으로 넘어갈 준비가 되었다.

이 사례들에서 마사와 빌은 습관적인 분노 반응을 성공적으로 막아냈고 '왜 나는 화가 났을까?'라는 근본적인 질문을 던졌다. 마사와 빌이 유익한 대안을 선택하는 다음 두 단계도 똑같이 잘해낼 거라고 가정한다면, 두 사람이 노력한 결과는 분명히 긍정적일 것이다.

48

이 상황에서 나는 무엇을 원하는가?

당신이 왜 화가 났는지 안다고 가정해보자. 이것은 당신의 상황에 대해 굉장히 가치 있는 정보를 주게 된다. 그 정보로 무장하면 두 번째 중요한 질문을 대면할 준비가 되는 것이다. '나는 이 상황에서 무엇을 원하는가?'

이제 이 질문은 당신이 해야 할 가장 중요한 질문이다. 이 질문을 할 수 있는 준비가 되었기 때문이다. 지금이 딱 적절하다. 만일 '왜'라는 질문을 묻기 전에 '무엇'에 관한 질문을 너무 일찍 해버리면, 부정확하고 부정적인 대답을 할 가능성이 크다.

'무엇'이라는 질문에 대해 생각하면, 분노의 몇 가지 가치들이 당신에게 유익하다는 사실이 특히 더 드러나게 될 것이다. 가치적 관점에서, 다음과 같은 질문을 하는 것이 가장 큰 도움이 된다. '이 사람과의 장기적인 관계에 가장 큰 영향을 미치게 될 이 상황에서 나는 무엇을 원하는가?'

꽤 많은 대답이 가능하다. 내적인 욕구들은 계속해서 작동하고 싶어 하는 경향이 있지만 거의 항상 파괴적인 것으로 드러나게 되는데, 이러한 파괴적인 욕구들을 이행하도록 계속해서 부추기는 몇 가지 대답이 있다.

1. 가능한 한 심하게 그에게 상처를 주고 싶다.
2. 그녀가 얼마나 형편없는 사람인지 그녀 스스로에게 보여주고 싶다.
3. 그가 한 일에 대해 죄책감을 느끼게 하고 싶다.
4. 화가 났지만 전혀 화가 나지 않은 척하고 싶다.
5. 나는 너무 화가 났으므로 그녀가 원하는 것을 하지 않을 것이다.
6. 나는 화가 났고, 꽤 오랫동안 화가 난 상태로 있고 싶다.
7. 그녀에게 굴욕감을 주고, 그녀가 나에게 한 행동에 대해 대가를 치르게 하고 싶다.

그러나 '무엇'이라는 질문에 대한 다른 대답들도 있다. 이 대답들은 화가 났을 때 거의 즉각적으로 실행할 수는 없지만, 항상 유익한 결과를 가져오는 것들이다.

1. 나는 굉장히 상처받았다. 더 이상 상처를 받지 않기 위해 분노를 사용하고 싶다.
2. 이 상황을 통해 내 좌절감의 문제를 해결하고 싶다.
3. 어떤 죄책감도 느끼지 않고 이 분노 사건을 통과하고 싶다.

4. 그녀의 행동은 나를 정말 두렵게 만들었다. 다음에는 어느 정도 분노를 사용하여 겁먹을 기회를 줄이고 싶다.
5. 그들이 옳지 않으며 내가 말한 것이 합리적이라는 것을 보여주고 싶다.
6. 그녀가 행동을 변화시킬 수 있도록 도와주어, 앞으로는 그녀에게 상처받지 않았으면 좋겠다.
7. 이 문제를 처리해서 그녀를 다시 적극적으로 사랑할 수 있었으면 좋겠다.

앞에서 언급했던 마사와 빌을 떠올려 보자.

일단 마사는 어머니와 관련해 왜 화가 났는지를 알아냈고, 무엇을 위해 분노를 사용하길 원하는지 생각해냈다. 마사는 이렇게 말했을지도 모른다. "나는 텔레비전의 방해를 받지 않고 어머니와 자유롭고 수월하게 대화할 수 있었으면 좋겠어. 그리고 어머니가 필요로 하는 것들에 대해서 생각하는 것을 배우고 싶어. 내가 얼마나 괜찮은 사람인지 어머니가 인정해주지 않아도 어머니에게 주는 법을 배우고 싶고, 나를 변화시키고 싶어. 어머니에게 너무 의존하지 않았으면 좋겠어. 예를 들어 일단 집에 도착하면 내가 피곤해 보이는지 잘 살펴봐야겠어. 피곤해 보이면 더 잘 관리해야 하고, 그렇지 않다면 어머니의 말에 어떤 영향도 받을 필요가 없지."

빌은 왜 화가 났는지 확실히 알게 되자 '무엇'에 대한 질문에도 집중할 수 있었다. "내가 원하는 것은 정확한 정보야." 빌은 이렇게 말했을지도 모른다. "소문을 근거로 행동하고 싶지는 않아. 그리고 우정을 잃어버리는 것으로 끝내고 싶지도 않고. 그렇지만 내가 원하는 것을 얻기 위해 최선을 다하고 싶어. 내가 합당하게 그녀를 얻을 수 있다면 나는 샐리와 계속 함께하고 싶어. 샐리가 왜 내 친구를 만났는지 이해하고 싶고, 친구에 대한 태도도 분명히 하고 싶어. 친구에게 내가 배신감을 느낀다는 걸 알게 하되, 여전히 우정을 유지하는 결과로 이어졌으면 좋겠어. 가능하면 이 모든 것을 다 처리하고 싶어. 그리고 내가 죄책감 없이 좋은 감정을 느낄 수 있는 방법으로 멋지게 마무리 하고 싶어."

이제 이 두 사람은 분노를 통해 무엇을 성취하고 싶은지 알고 있다. 마사와 빌은 그 대답들을 시행하기 위한 전략을 만들 준비가 되어 있다. 그리고 그 전략에 관한 질문들은 다음 장에서 생각해 볼 것이다.

49

원하는 것을 어떻게 얻을 수 있을까?

이제 당신은 왜 화가 났는지, 그리고 분노를 통해 무엇을 얻고자 하는지 알고 있다. 당신은 '어떻게'라는 질문에 답할 준비가 되어 있다. "분노를 통해 가능한 한 많은 것을 얻으려면 분노를 어떻게 사용해야 할까?" 유익하게 분노를 사용할 수 있도록 안내해줄 전략이 필요하다.

분노를 통해 얻고자 하는 '소망 목록'은 장기간 최고의 이익을 줄 수 있는 것을 중심으로 작성해야 한다. 그렇게 하면 소망 목록에 적힌 항목들에 체크 표시를 해나갈 때마다 승자가 된 기분을 느끼거나 실제로 승자가 될 수 있다. 그리고 이러한 과정은 전략이 어떻게 작동하고 있는지 즉각적인 피드백을 제공할 것이다.

분노의 경험마다 그에 맞는 무수히 많은 전략이 있다. 폭발해버릴 수도 있고, 마치 분노하지 않은 척할 수도 있다. 그리고 이러한 각각의 전략에는 여러 하위 범주가 있다. 당신의 감정에 대해 다른 사람들과 의논해볼 수도 있고, 혼자 그 감정들을 글로 써볼 수도 있다. 이용해볼 만한 전략은 굉장히 많다.

분노 표현전략을 세울 필요가 있는 한 가지 예를 들어보겠다.

열일곱 살 된 아들 론이 첫 데이트를 나간다고 상상해보자. 론은 가족의 차를 가지고 나간다. 론에게 늦어도 자정까지는 집에 돌아오라고 말했다. 론은 그렇게 하겠다고 했다.

당신은 밤 10시 45분에 잠을 자러 가지만 잠을 잘 수 없다. 아들이 혼자서 운전을 해본 적이 많지 않다는 사실이 너무 불안해서 당신은 편하게 있을 수가 없다. 자정이 되어 아들이 집에 돌아오면 당신은 안심하게 될 것이고, 즉시 잠을 잘 수 있을 것이다.

그러나 자정이 되었지만 론의 기척이나 차 소리가 들리지 않는다. 12시 10분이 되자 아들이 시간을 엄수하도록, 즉 약속 시간보다 10분이나 늦게 도착하지 않도록 가르쳐야겠다고 혼자 생각한다.

12시 30분에는 시간 엄수 문제는 잊히고 분노가 쌓이기 시작한다. 론이 당신의 감정이나 약속에 대해 이 정도로 무감각하다는 것을 믿을 수 없다.

새벽 1시에 분노는 불안감으로 바뀐다. 이제 아들의 안전이, 그리고 데이트가 무사한 것인지 너무 염려된다. 만일 론이 1시 15분까지 집에 돌아오지 않으면, 론의 여자 친구의 가족에게 전화를 걸어 론과 그녀가 무사히 그 집에 왔는지 알아보기로 결심한다. 너무나 걱정이 된다.

새벽 1시 14분, 왼손에 전화기를 들고 있는데 차고 앞에 차 소리가 들린다. 우선 당신은 깊은 안도감을 느낀다. 론이 안전하다니 그것은 기도의 응답이다. 그러나 안도감이 분노, 즉 격분으로 바뀌면 안도감 따위는 완전히 사라진다. 이제 문제는 당신 자신이다.

자, 이제 폭주하는 기차가 달려오고 있다! 2분 전만 해도 그토록 염려했던 대상인 열일곱 살짜리 아들을 향해 모든 것을 다 폭발해버릴 것 같다.

론은 차를 조심스럽게 차고에 주차하는 중이다. 지금부터 아들이 집에 들어오기 전에 당신이 생각해야 할 커다란 네 가지 사안이 있다.

첫째, 습관적인 폭발 문제를 다루어야 한다. 폭발하는 반응을 옆길로 빠져 나가게 해야 하는 도전을 안고 있다. 폭발하는 것은 전혀 긍정적인 영향력이 없으며, 거의 언제나 아들과 멀어지게 하고, 결국에는 어리석은 일로 끝나버린다는 것을 당신은 알고 있다.

둘째, 왜 화가 났는지를 스스로에게 물어봐야 할 것이다. 당신은 지난 1시간 15분 동안 전전긍긍하고 있었다. 론이 당신의 감정에 그토록 무심한 것에 상처를 받았다. 아들과의 완벽한 합의가 무참히 깨져버린 것에 좌절감을 느꼈다. 그리고 2분 전까지도 당신은 무슨 일이 심각하게 잘못 되었을까봐 끔찍이도 두려워하고 있었다.

셋째, 분노를 폭발해서 무엇을 얻기를 원하는가에 대한 생각으로 옮겨가야 한다. 세 가지 문제에 대한 답을 완전히 얻기를 원한다고 해보자. 1) 약속한 시간이 가까워질 때 당신의 감정과 힘이 어떤지 론이 이해하고 인식하기를 원한다. 2) 이제부터 아들과 하는 모든 약속이 반드시 신중하게 잘 지켜지기를 원한다. 3) 론이 늦게 들어오면 안전에 대해 몹시 두려워하고 걱정하게 된다는 사실, 그리고 그러한 불안감을 다시는 경험하고 싶지 않다는 사실을 강조하고 싶다.

넷째, 당신은 이 세 가지 목표를 어떻게 하면 가장 잘 완수할 수 있을지 생각할 것이다. 목표 완수를 위해, 해서는 안 되는 방법부터 살펴보자.

1. 론을 비난하고, 그에게 굴욕감을 주라. 그리고 '아들을 다그쳐라.'—이렇게 하면 반드시 문제가 더 커질 것이다.
2. 아들에게 벌을 주라.—이것은 보상이 제공하는 만큼의 긍정적인 결과를 거의 가져오지 못한다.
3. 새벽 1시 30분에 의미 있는 논쟁을 해보려고 시도하라.—이것은 대개 강의로 이어지고, 그 반응으로 기분 나쁘게 중얼거리는 소리만 듣게 될지도 모른다.
4. 그저 문제가 지나가도록 놔두고 절대 그 문제를 들추지 마라.—이것 역시 효과가 없을 것이다.

이번에는 효과적으로 일을 처리할 수 있는 몇 가지 의견을 살펴보자.

1. 론을 맞이하며 다음 두 문장을 말해보라. 1) "아들, 얼굴을 보니 안심이 되는구나. 너무 많이 걱정했거든." 그리고 2) "네가 늦으면 너무 화가 나는데, 내일 아침 10시에 이것에 대해 다시 이야기를 나누고 싶구나." 만일 론이 동의하면, 일단 된 것이다. 론이 다른 시간을 제안하면 그 시간으로 조정해보라. 중요한 것은 약속 시간을 정하면서 반드시 대화를 끝내야 한다는 것이다.
2. 그 시간을 위해 준비를 잘하라.

3. 아들과 이야기하는 시간이 되면 그 시간을 짧게 끝낼 수도 있다는 것을, 또는 론이 원한다면 좀 더 길어질 수도 있다는 것을 처음에 알리라.
4. (당신의 소망 목록에서) 세 가지 핵심 사항이 무엇인지 론에게 알게 하라.
5. 론이 말을 잘 들으면 보상으로 차를 운전하도록 해주고, 당신과의 약속을 잘 지킬 때마다 보상을 주고 싶다는 의견을 확실히 말하라.
6. 약속 시간이라든가 전반적인 합의 사항들에 대해 론이 완전히 책임감 있는 모습을 보이기를 기대한다고 확실하게 말하라.
7. 론이 말하고 싶어 할 때 주의 깊게 들어라. 반드시 론이 말하고자 하는 것을 충분히 이해하려고 노력하라.
8. 위엄 있게 론을 대하라.
9. 부모로서의 역할에 대해 기꺼이 책임을 져라.

이 전략은 당신의 생각과 감정을 잘 표현하고, 론의 반응을 잘 드러나게 하며, 중요한 사안들에 대해 명확히 설명할 기회를 충분히 제공할 거라고 생각한다.

이것은 분노를 통해 이루고 싶은 것에 관해 어떻게 전략을 짤 것인가에 대한 예시이다.

50

마사와 빌 : 원하는 것을 얻는 전략

마사와 빌이 원하는 것을 얻기 위해 자극 상태를 이용하는 전략을 세우려면, 몇 가지 중요한 변수를 고려해야 할 것이다.

1. 그 일과 관련된 주요 인물들의 성격
2. 그 사람들과의 특수한 관계
3. 사용할 수 있는 시간의 양
4. 상황의 제약
5. 좋은 결과를 내는 데 기울일 노력의 정도

예를 들어 마사는 방해받지 않고 어머니와 대화를 하고 싶어 한다. 마사는 어머니가 비판에 쉽게 상처받는다는 사실을 알고 있다. 마사는 외동딸이고, 아버지는 여덟 달 전에 돌아가셨다. 마사는 오늘 아침 시간이 많다. 게다가 이번에도 어머니와 함께 보냈던 이전의 많은 시간과 별로 다르지 않을 거라는 것도 안다. 분명한 것은, 마사는 일이 잘 진행되도록 굉장한 노력을 기울이고 있다는 것이다.

마음속에 여러 가지 변수를 떠올리며 마사는 다음과 같이 하기로 결정했다. 어머니와 대화가 시작되면 거실로 가서 텔레비전 소리를 조절한다. 우선 "어머니, 어제 새로운 모임은 어땠어요?"라고 물어 어머니의 주의를 끈다. 그리고 어머니가 대답하기 시작하면 마사는 슬쩍 텔레비전 소리를 낮추어 어머니로 하여금 이야기가 좀 더 잘 전달되고 있다는 느낌을 받도록 한다. 두 사람 모두 방해 없이 대화할 수 있다는 것에 마음이 편안해진다.

마사가 어머니에게 과도하게 의존하는 것을 다루기 위해 세워야 하는 전략은 더 복잡한 문제다. 마사는 자신이 인정받지 못한 것에 대해 상처받았음을 알고 있다. 그리고 또 다른 상처는 피곤해 보인다는 말을 들었을 때 받은 상처인데, 그것은 기본적으로 자신의 문제라는 것을 본능적으로 알고 있다. 마사는 집에서 압박을 덜 받으면서 그 상처들을 다룰 수 있을 것이다.

다음 날 마사는 상처를 다룰 전략을 세우기 시작했다. 그리고 세 가지 방식으로 그 상처를 공략하기로 했다. 1) 일기장에 그 감정을 상세히 적고 곰곰이 생각해보기 2) 어머니를 잘 다룰 것 같은 신뢰할 만한 친구와 대화하면서 시간을 보내기 3) 남편과 다소 조용한 시간을 보내면서 이 문제에 대해 함께 이야기하기.

두 번째 예시는 빌이다. 빌은 분노를 사용해서 무엇을 성취하고 싶은지 분명히 알고 나자, 우선 몇 가지 중요한 변수를 고려해본다. 예를 들어 샐리가 전문 집단치료의 회원이라는 것과 샐리에 대해 크게 걱정할 필요가 없다는 것을 알고 있다. 사실 샐리는 앞에 놓인 모든 것을 올바르게 인식한다. 빌은 샐리가 문제를 처리하는 데 많은 시간을 기울일 것이라는 것도 알고 있다. 그리고 빌은 샐리와 함께 그 문제를 신중히 생각해보는 데 관심이 매우 많다. 빌은 이러한 과정에 대해 친구가 얼마나 열려 있는지에 대해서는 확신할 수 없지만, 그들은 오랜 기간 친구였으므로 이 문제를 꺼내는 일에 대해 마음이 편안하다.

빌은 가능한 한 빨리 샐리와 약속 날짜를 정하기로 한다. 저녁 식사를 요청하고 나머지 저녁 시간에는 이야기를 나누자고 미리 알릴 계획이다. 샐리를 데려갈 만한 시외의 멋진 식당을 알고 있다. 거기서 두 사람은 음식을 먹고 이야기를 하며 저녁 시간을 보낼 수 있다.

빌은 자신의 소망 목록에서 확인한 문제들에 집중할 계획이다. 샐리나 친구를 비난하지는 않겠지만, 가능한 한 자신의 감정을 분명하고 위협적이지 않게 표현하고자 하며, 그들의 반응을 신중히 듣고 해결법을 찾으려고 한다.

빌은 자신의 전략이 마음에 든다.

전략은 분노를 표현하는 대안적 방법을 모색하는 데 반드시 필요하다. 특히 분노 표현방식이 새로운 것이며, 처음 접해보는 시작 단계라면 더욱 그렇다.

전략을 세우면 반드시 실행해야 한다. 이것이 다음 장의 주제다.

51

시작 버튼을 눌러라

분노 표현전략을 세워나갈 때 그 전략이 '왜'와 '무엇'을 탐색하는, 신중하고 내적인 과정에 튼튼한 기반을 두고 있다면, 그 전략은 반드시 굉장한 가치가 있다. 그리고 그 전략을 반드시 실행해야 한다는 사실은 대단히 중요하다.

그러나 때때로 실행 과정에 대해 불안감을 느낄 수 있으며, 전략을 시행하지 못하도록 하는 유혹은 강하고 집요하다. 예를 들어 샐리와 친구에게 극도로 민감한 개인적인 문제를 이야기하거나, 당신과 상사 모두에게 부담이 되는 문제를 처리하기 위해 상사를 찾아가는 것처럼, 전략은 때때로 당신에게 너무나 많은 것을 요구하기 때문이다.

그리고 때로는, 론의 사례에서 그 상황에 함께 있던 한쪽 부모나 또 다른 누군가는 다음날 아이와 대면하는 것이 불필요하다고 판단할지도 모른다. 말하자면 론은 다시는 늦지 않을 것이고, 더욱이 그러한 충돌은 가족 전체에게 파장을 일으킬 거라고 생각할 수 있다.

이러한 생각은 위험하다! 이러한 생각에 굴복하면 당신은 반드시 스스로를 실망시키게 될 것이다. 당신이 세운 전략을 수행하지 않으면 풀리지 않는 상처와 좌절감, 그리고 공포가 남게 된다. 분노 경험은 과거로 되돌아갈 가능성이 크다. 그렇게 되면 다음 번에는 상황을 다루기가 훨씬 더 어려워질 것이다.

머리로는 분노를 분석하지만 그것을 실행하지 않으면, 의도한 작업을 하지 못하게 된다. 의도적인 선택의 지배를 덜 받게 되면, 결국 파괴적인 방법으로 분노를 표현하는 결말에 이르게 된다.

이것이 바로 마사에게 일어났던 일이다. 마사는 파괴적인 분노 반응인 '급히 떠나버리는 것'을 옆길로 보내버린 후에 '왜', '무엇', 그리고 '어떻게'에 관한 질문들을 정확하고 효과적으로 탐색했다. 그 후 그녀는 어머니에 대한 전략을 성공적으로 실행했다.

그러나 다른 면의 전략들은 수행하지 못했는데, 어머니에게 과도하게 의존하는 문제를 내적으로 처리하는 것에 관한 부분이었다. 마사는 어떻게 진행해나갈 것인지 신중하게 계획의 윤곽을 잡고 자신에게, 친구에게, 남편에게 이야기하기로 했다. 그러나 마사는 그 계획의 근처에 가지도 못했다. 여전히 마사의 의존 문제는 해결되지 못한 채 그대로 남아있고, 중요한 대인 관계에서 마사를 불리하게 만들고 있다. 계획을 실행하지 않아서 분노는 표현되지 못했고, 의존 욕구는 처리되지 않은 채로 남아있다. 그 때문에 과잉 의존은 마사의 가장 중요한 대인 관계를 주기적으로 방해하고 있다.

빌의 경우는 훨씬 더 성공적이었다. 빌은 샐리에게 완전히 마음을 털어놓았고, 샐리가 친구보다는 자신에게 훨씬 더 강한 감정을 느끼고 있다는 사실을 알아냈다. 결국 빌은 샐리와의 관계를 더 깊은 이해와 더 큰 헌신의 관계로 발전시키는 데 분노를 성공적으로 사용한 것이다.

빌은 친구에 대한 분노를 다룬 방식에는 만족감을 느꼈지만 결과는 긍정적이지 않았다. 그들 사이에 적대감이 남아있지는 않았지만 결코 전과 같은 우정을 나누지는 못하게 되었기 때문이다. 그러나 빌은 이 어려운 문제에 대해 친구에게 털어놓은 방법에 대해서는 만족하고 있다. 그리고 빌이나 친구 중 어느 누구도 죄책감을 느끼지 않으며 분노가 남아있지도 않다.

가장 중요한 메시지는 이것이다. 원하는 것을 얻기 위해 분노 표현전략을 세울 때 반드시 시작 버튼을 눌러라. 분명하고 신중한 사고에서 나오는 분노 표현전략들은 반드시 당신을 성장하게 하고 앞으로 나아가게 해줄 것이다. 그 전략들은 실행할 가치가 있다.

52

못된 인간을 용서하는 방법을 배우라

당신은 분노를 바람직하게 표현하는 방법을 배울 수 있다. 그리고 이것은 당신의 삶에 굉장한 차이를 만들어낼 수 있다.

그러나 분노 표현방법을 터득한 후에도 최고의 노력을 기울여야 하는 도전이 한 가지 남아있다. 바로 용서하는 법을 배우는 것이다. 용서는 굉장히 중요한 일이다.

'분노'라고 불리는 생리적인 자극 상태는 적절하게 분노를 표현하면 사라질 것이다. 그리고 당신은 분노에서 자유로워질 것이다. 물론 당신이 꼭 이렇게 하길 바란다. 그리고 이러한 과정은 빠를수록 더 좋다.

그러나 만일 시간이 지나서 당신을 화나게 했던 사건을 자꾸 다시 떠올리며 곰곰이 생각하면, 똑같은 신체적 자극 상태가 다시 일어날 수 있다. 상처가 되었던 모욕적인 대우를 자세히 떠올리면 또 다시 엄청난 분노 속으로 자신을 몰아넣을지도 모른다.

그 경험이 지나가버리도록 하지 않으면 반드시 당신은 그렇게 될 것이다. 당신을 모욕한 그 사람을 용서하는 방법 외에는 그것을 떨쳐버릴 더 좋은 방법은 없다. 당신의 용서는 당신에게 상당히 이로운 일이 된다. 왜냐하면 이러한 해로운 사건에 반응해 더 이상 화를 낼 필요가 없기 때문이다. 물론 다른 사람들에게도 역시 이롭다. 그 사람과 당신의 관계가 반드시 개선될 것이기 때문이다.

용서는 많은 혜택을 제공해준다.

1. 용서는 당신을 과거의 상처, 좌절, 두려움에서 자유롭게 하고, 많은 종류의 비참한 경험에서 자유롭게 한다.
2. 용서는 삶 가운데 경험할 수 있는 전반적인 분노의 양을 상당히 낮추어준다. 고통스러운 사건이 더 이상 당신을 분노하게 할 기회를 주지 않기 때문이다.
3. 용서는 당신의 의식적이고 무의식적인 마음을 현재에 집중할 수 있게 하며, 이는 당신을 훨씬 유익하고 보람 있는 삶으로 이끈다.
4. 용서는 다른 사람과의 관계를 마음껏 성장시키고 발전할 수 있도록 해준다.

그러나 대다수에게 용서는 힘든 것이고 부자연스러운 것이다. 우리에게 용서하는 법을 가르쳐주는 사람은 아무도 없다. 그리고 어쨌든 간에 우리는 대부분 다른 사람을 진짜로 용서하고 싶은 마음이 없다. 우리는 잘못된 감정을 계속해서 붙들고 싶어 한다.

그래서 한 번의 모욕 사건을 가지고 여러 번의 분노 사건을 만든다. 용서를 내켜하지 않는 마음과 용서할 능력이 없음으로 인해 상처와 고통이 증가하고, 자유를 누리지 못하며, 자유가 제공해줄 수 있는 모든 것이 제외된다.

우리는 용서를 배울 수 있다. 당신은 용서할 능력이 있다. 이를 위해 필요한 것은 다음과 같다.

1. 깊은 내적인 안정감 : 이것은 자신의 감정들을 확실히 하면서도 당신과 다른 사람을 자유롭게 해준다.
2. 충분한 내적인 사고 : 이것은 용서가 행복에 기여하는 점을 완전히 이해하도록 해 '다른 사람을 용서하는 일'이 완벽해지도록 세심하게 전진시켜 나간다.
3. 통찰력에서 나오는 강한 의지 : 완전한 용서를 끌어내기 위해 각 단계마다 단호한 결정이 필요하다.
4. 다른 사람에게 공감하는 능력 : 이 점에 관해서는 다음 장에서 자세히 설명할 것이다.

마지막으로 한 가지 남은 문제가 있다. 왜 제목에 '못된 인간'이라는 말을 썼는가? 이것은 보통 우리가 용서해야 하는 사람을 그런 식으로 느끼기 때문이다. 우리가 그 사람을 용서하고 나서도 여전히 못된 인간이라고 부를지도 모르지만, 그 단어는 이전과는 완전히 다르게 이해와 애정이 함축된 말로 들릴 것이다. 이것이 바로 용서의 기쁨이다.

53

공감 기술을 개발하라 : 그는 지금 무슨 감정을 느끼고 있는가?

'모든 것을 이해하는 것은 곧 모든 것을 용서하는 것이다.' 이 생각은 아주 오래전부터 내려오는 것이다.

다른 사람들이 왜 불쾌한 행동을 하는지 이해하게 되면, 그들에게 덜 화를 내게 되고 용서하는 능력이 상당히 좋아진다.

더 나아가 다른 사람의 고통을 함께 느끼는 능력은 공격적으로 분노를 표현하려는 버릇에도 중요한 구속력을 갖게 될 것이다. 다른 사람이 나와 매우 흡사하다는 것을 인식하게 될 때, 그들을 더 많이 공감하게 되며 어떤 식으로든 해를 끼치는 것이 매우 어려워진다.

게다가 여러 심리학 연구는 자신을 분노하게 하는 상황을 명확하게 인식하면, 즉 새로운 방식으로(어쩌면 다른 사람의 관점으로) 그 상황을 바라보면, 신체적인 자극 상태가 상당히 가라앉는다는 것을 입증하고 있다.

어느 날 찰스와 완다 테일러 부부가 조언을 구하고자 나를 찾아 왔다. 절대로 용서하지 못할 몇 번의 심각한 싸움이 있은 후에 결혼생활이 얼어붙기 시작했다.

테일러 부부와 처음 상담했던 날이 여전히 눈에 선하다. 테일러 부부는 경직되어 있었고, 서로에게 형식적이었으며, 대화를 할 때 거의 서로 눈을 마주치지 않았다. 대화를 하는 동안 테일러 부부는 모두 나만 쳐다보았다. 테일러 부부가 내뱉는 말들은 마치 총알 같았고, 너무나 차가워서 입에서 입김이 나오는 것 같았다. 결혼생활은 거의 끝나기 일보 직전이었고, 두 사람 모두 끔찍한 고통 속에 있었다.

그 몇 주간 테일러 부부는 서로에게 계속해서 분노했음이 틀림없었다. 상대방을 이해하지 못했고, 사랑하지 못했다. 테일러 부부는 관심이 필요할 때 상대방이 '그 자리에 있지 못한 것'에 대한 수십 가지 예를 들었다. 서로에 대한 원한을 키우느라 너무 분주해서 증오로 스스로를 얼마나 고통스럽게 하고 있는지 인식하지 못했다.

나는 얼어붙은 관계를 녹이는 일에 착수했다. 사용할 수 있는 모든 자원을 사용했다. 테일러 부부는 독실한 기독교인이었기 때문에, 다른 사람을 용서하라는 예수님의 말씀, "만일 하루에 일곱 번이라도 네게 죄를 짓고 일곱 번 네게 돌아와 내가 회개하노라 하거든 너는 용서하라 하시더라"(누가복음 17:4, The Living Bible)나 사도 바울의 유명한 가르침, "누가 누구에게 불만이 있거든 서로 용납해 피차 용서하되 주께서 너희를 용서하신 것 같이 너희도 그리 하고"(골로새서 3:13, TLB)와 같은 성경 구절들을 자주 인용했다.

이윽고 얼음이 녹기 시작했다. 내가 각자의 말을 들어주고 그들의 관점에서 이해하려고 노력하자, 그들은 고통을 키워나가는 일을 점차 줄이기 시작했다. 그리고 내가 본을 보이자 좋은 영향을 받기 시작했다. 테일러 부부는 서로의 말에 귀를 기울이며 서로를 이해하려고 노력하기 시작했다.

그들이 조금씩 이해할 때마다 조금씩 용서해간다는 걸 느꼈다. 그리고 테일러 부부가 서로를 용서했을 때 사랑의 감정이 생겨나는 것을 느낄 수 있었다. 그리고 자라나는 사랑의 감정은 탄력을 얻기 시작했다.

이해는 용서를 낳고, 용서는 사랑을 낳는다, 그리고 사랑은 서로를 친밀하게 만들어준다. 그리고 '서로 친밀하다'는 것은 건강한 결혼생활의 전부라 해도 과언이 아니다.

테일러 부부는 현재 행복한 결혼생활을 하고 있다. 문제가 없는 것은 아니지만, 솔직한 대화와 서로를 이해하려는 진정한 노력을 통해 문제를 해결하려는 준비가 잘 되어 있기 때문이다.

다른 사람에게 공감하는 능력과 다른 사람의 관점으로 상황을 바라보는 기술을 어떻게 발전시킬 수 있을까? 다른 사람이 무엇을 느끼고 생각하는지 이해하는 것이 용서의 핵심이라면, 이것을 어떻게 배울 수 있을까?

나는 경험을 통해 공감하는 기술을 배우는 두 가지 필수 조건과 네 가지 유용한 훈련을 생각해냈다. 아마 당신도 이 훈련에 참여하고 싶을 것이다. 공감하는 기술을 배우는 두 가지 필수 조건은 다음과 같다.

1. 진심으로 다른 사람들을 이해하려고 해야 한다.

2. 인내해야 한다. 다른 사람들이 자신을 서서히 드러낼 수 있도록 기꺼이 기다려주고, 자신만의 시간을 갖도록 해주어야 한다.

다음은 공감 능력을 증진시킬 수 있는 네 가지 훈련법이다.

1. 화를 내기 전에 다른 사람을 이해하려는 현명함을 갖추도록 공을 들여라. 화를 내는 도중에도 그들의 감정과 생각을 아는 것이 어떤 이익을 가져다주는지 반드시 생각하게 될 것이다. 용서의 과정 가운데 공감이 차지하는 자리가 어딘지, 그리고 당신이 원하는 모습으로 바뀌는 데 용서가 얼마나 중요한 것인지를 마음에 분명히 새기는 것이 중요하다.
2. 당신을 화나게 한 그 사람에 대해 '당신이 느끼는 것을 이해하고 싶다'는 태도를 보일 수 있도록 노력하라.
3. 당신이 다른 사람들에게 화가 났을 때 그들의 감정이 어떤지 물어보라. 그리고 비록 그들에게 화를 내고 있을 때라도 그들의 감정을 이해하기 위해 모든 노력을 기울여라.
4. 그들이 말한 것을 요약해보고, 당신이 요약한 것이 정확한지, 그리고 그들이 전달하고자 하는 내용 중에 놓친 것이 없는지 그들에게 확인해 보라.

용서는 당신을 위해 놀라운 일을 할 수 있다. 용서는 현재 삶에서 자유를 누릴 수 있게 하며, 풍부한 삶을 가장 완전하게 경험할 수 있는 지점이다.

상호간의 공감과 용서는 가장 이상적인 것이다. '적들'로 하여금 당신의 입장을 이해하도록 도와줄 때, 그들 역시 당신을 이해할 수 있을 것이다. 현재 상황을 당신이 어떻게 해석하고 있는지를 포함해 당신의 감정을 충분히 나누면, 그들은 당신을 쉽게 이해하고 용서할 수 있을 것이다.

진심으로 또는 완전히 용서하려면 상대방을 이해하는 길 외에는 방법이 없다. 공감하는 법을 배우고 그 기술을 훈련하면, 다른 사람들과 관계를 맺는 방식에 상당한 변화가 찾아올 것이다. 이러한 능력을 계발하기 위한 노력의 가치는 대단히 높다.

54

통제감

삶에서 통제력을 얻게 되면 당신은 곧 기쁨의 환호를 내지르게 될 것이다. 특히 내적 경험의 중심부를 통제하게 되면 더욱 그렇다. 분노를 다루는 법을 배운다는 것은 당신이 운전석에 앉아 당신의 생명을 통제한다는 것을 의미한다.

게다가 분노 통제력은 삶의 전반에 적용될 수 있다. 삶의 문제들을 제거하는 데 분노를 사용하는 법을 배우면, 가장 절박한 감정들을 통제할 수 있는 잠재력이 당신 안에 있다는 것을 깨닫기 시작한다.

이 훈련 프로그램은 분노를 다루는 것을 돕도록 설계된 것으로, 최근에 완성되었다. 삶 속에서 이 프로그램을 행한다면, 통제력을 얻는 데 중요한 도약을 경험할 것이라고 확신한다. 프로그램은 분명히 효과가 있다.

그러나 만약 분노가 수년 동안 문제되어 왔다면, 이 책을 읽는 것에 대해 어느 정도 회의감이 들지도 모른다. 아마도 이런 훈련 중 어떤 것이 당신을 도울 수 있을지, 그리고 어떤 특별한 차이점이 있을지 궁금할 것이다.

나는 이렇게 제안하고 싶다. 앞서 내가 말한 대로, 스스로를 위한 프로그램을 짜라. 지금 당장 시작하라. 그것을 한 달간 시도해보라. 효과가 나타나면 그때 한 달 더 해보라. 당신의 파괴적인 분노 양상이 심각하다면, 분노의 주인이 되었다고 느끼기 직전까지 최소 6개월 동안 그 일을 하겠다고 작정하라.

한 가지가 더 있다. 나는 중요하다고 생각되는 순서대로 이런 제안들을 소개했다. 어떤 훈련은 다른 훈련을 기반으로 한다. 만약 당신이 자존감에 대한 연습으로 시작해 분노의 가치를 명확히 깨닫는 부분으로 이동한 다음, 일기를 쓰는 일과 다른 과정들로 이동해갔다면 이 프로그램을 통해 큰 효과를 얻었을 것이다.

그렇다면 당신은 이제 유익한 삶을 위한 중요한 자원으로 분노를 변화시키는 법을 알 것이다. 이 프로그램을 삶에 적용시켜 이미 통제감을 경험하고 있을지도 모른다. 만일 그런 상태라면, 그리고 특히 분노가 과거에 가장 비참한 문제였다면, 당신은 통제감이 지닌 안도감과 짜릿함이 무엇인지 이제는 알고 있는 것이다.

55

그러나 만일 분노가 여전히 당신을 붙들고 있어 벗어날 수 없다면, 좋은 치료를 받아라

몇 가지 파괴적인 분노 표현양상은 다른 것들보다 제압하기가 더 어렵다. 예를 들어 어릴 때 분노를 인식하지 못하도록 배웠다면, 당신의 몸은 종종 몇 시간 동안 거의 쉬지도 못하고 자극받은 상태에 머물러 있을지도 모른다. 이러한 양상은 이제 극복하기 어려운 습관이 되었을 수도 있다.

화가 난 사실을 부인할 때, 그리고 그 결과 분노가 표현되지 않은 채 여전히 남아있으면, 분노를 표현하지 않았다는 사실과 결과를 책임지지 않아도 된다는 안도감에 의해 이 행동은 강화된다. 그러면 의식도 거의 하지 못한 채, 분노를 부인할 때마다 따라오는 안도감에 대한 기대치를 높이게 된다.

그러나 문제는, 의식하지도 못한 채 당신의 몸은 항상 움직일 준비가 된다는 것이다. 그리고 이러한 자극 상태의 원인인 상처, 좌절감, 두려움은 분노를 표현한다고 해서 절대 해결되지 않는다. 따라서 생리학적인 자극 상태는 계속 된다. 몸은 움직일 태세를 갖추고 있지만, 마음은 행동을 취할 필요가 있다는 것을 오랫동안 부인해왔다.

그래서 당신조차 스스로를 다루는 것이 몹시 어렵다. 심지어 화가 났다는 사실을 스스로에게 납득시키는 것조차 힘들다. 내과 전문의에 의해 심리학자나 정신과 의사에게 보내진 위궤양 환자가 결국에는 자기 주도 공격self-directed aggression으로 진단받은 사례가 있다. 심지어 '내가? 분노라고? 나는 절대 분노한 적이 없는데!'라고 혼잣말을 할 수도 있다. 그러나 신뢰하는 누군가가 당신의 신체적 상태는 분노 때문이라고 말해주었기 때문에 이 책을 집어들어 읽었고, 프로그램을 시도하려고 한 것이다. 그러나 당신은 여전히 신체적으로 불편함을 느끼고 있다. 당신의 분노는 그것을 없애려고 최선을 다하는 당신의 노력에 저항하는 중이다.

분노의 문제들 중에는 굉장히 극복하기 어려운 것도 있다. 당신에게 몹시 까다로운 이러한 문제들 중 하나가 있다면, 훌륭한 정신과 의사의 도움을 받으라고 권유하고 싶다.

이 책에서 개략적으로 설명한 프로그램을 시작할 수 없다고 생각되면, 동기를 부여해줄 다른 사람을 찾아야 할지도 모른다. 또는 자해한다거나 다른 사람을 다치게 하는 식의 비상식적이거나 파괴적인 방법으로 분노를 표현한다면, 즉시 도움을 받아야 한다.

당신은 어떤 종류의 도움이 필요한가? 당신은 어떤 유형의 조력자를 찾아야 할까?

이 책에 나오는 것을 정확하게 시행하기 위해서는 대부분 도움이 필요할 거라고 생각한다. 바로 그 점에서 당신과 함께할 사람, 즉 예리하게 관찰하고 간단한 실수들을 지적하며 당신을 격려하고 계속해서 동기를 부여해줄 사람이 필요하다.

당신에게 추천하는 정신과 의사의 유형은 다음과 같다.

1. 잘 훈련된 전문가
2. 인간의 기본적인 자질인 동정심과 민감한 감성을 지닌 사람
3. 분노 표현방법과 관련된 문제로 고통을 겪는 사람과 함께 노력한 경험이 있는 사람
4. 이 책에서 제시된 것과 같은 활동 프로그램을 제공할 수 있는 사람

분노의 문제나 감정의 문제로 전문가를 찾는 것은 전혀 부끄러울 것이 없다는 사실을 알기 바란다. 만일 당신이 굉장히 저항하는 양상을 띠고 있다면, 매우 어렸을 적에 그러한 분노 양상을 학습하고 체계적으로 강화되었을 가능성이 매우 크다. 어렸을 때 배운 것을 극복하기 위해서는 전문가의 도움이 필요하다.

중요한 점은 끊임없이 문제를 일으키는 습관적인 분노 표현방식을 집요하게 계속 제거하는 것이다. 이러한 습관들은 깰 수 있다. 분노를 화해의 도구로 변화시키려는 투쟁에서 훌륭한 정신과 의사는 너무나 소중한 조력자다.